JN153445

元文部科学省小学校社会科教科調査官

安野　功が ズバッと解説！

～学習指導要領解説をわかりやすく読み解きます！～

國學院大學教授　安野　功

日本文教出版

もくじ

Contents

はじめに

本書は，新学習指導要領(平成29年版)に基づく新しい社会科の授業づくりに挑戦したいという先生方の思いや願いを受け，改訂のこの時期だからこそ明らかにしておきたい次のような問いに対して，私の考えをまとめたものである。

◇社会科改善の根幹にある基本的な考え方やポイントとなるキーワードの本来の意味は何か。

◇新旧学習指導要領の記述の微妙なニュアンスの違いをどう受け止め，これまでの授業のどこをどのように見直していったらよいのか。

◇フル・モデルチェンジ＝新しい単元や教材の開発が必要となる大幅な改訂と，マイナー・チェンジ＝これまでの指導計画や教材を生かして，その一部の見直しや改善が求められる部分的な改訂のそれぞれに対応した新しい授業づくりのポイントとアイデアは何か。

私も小学校の教員時代に学習指導要領の改訂を何度か経験し，勉強不足を痛感して失敗を繰り返した。新旧学習指導要領の文言を繰り返し見比べても違いがわからず困り果てたこと，新たに加えられた内容の教材開発や単元づくりに勇み足で挑むが結果は的外れの授業で終わったことなどがそのときの苦い思い出である。

しかし，当時のことを今改めて振り返ってみると，改訂の時期にいち早く新しい授業づくりにチャレンジした経験がその後の授業づくりの起爆剤となり，社会科での授業力の飛躍的な向上へと実を結んでいったのだと胸を張って言える。

だからこそ，社会科を苦手とする先生方や経験の未熟な先生方にも，この改訂の時期だからこそ新しい社会科の授業づくりに挑んでほしい。心より，そう願っている。本書を手に取り，私と二人三脚で…。

“新しい社会科の授業づくりに，レッツ・トライ！”

安野　功

第1章

新しい時代の社会科と教科書の方向性

新学習指導要領と新しい時代の社会科

今，求められる新しい時代の資質・能力

◆見た目通りの大幅改訂！それとも・・・？

平成 29 年３月に新しい学習指導要領が公示された。その後は，移行措置を経て平成 32 年４月から全面実施を迎える。

この新しい学習指導要領の社会科の扉を開くと，これまでとはまったく別物であるかのような印象をもたれた方も多いのではないだろうか。

各学年の目標及び内容がこれまでとは異なる記述となっている。社会科の教科目標までもが，次に示す通り，ガラリと大きく変わっているのである。

旧（平成 20 年版）学習指導要領

社会生活についての理解を図り，我が国の国土と歴史に対する理解と愛情を育て，国際社会に生きる平和で民主的な国家・社会の形成者として必要な公民的資質の基礎を養う。

新（平成 29 年版）学習指導要領

社会的な見方・考え方を働かせ，課題を追究したり解決したりする活動を通して，グローバル化する国際社会に主体的に生きる平和で民主的な国家及び社会の形成者に必要な公民としての資質・能力の基礎を次のとおり育成することを目指す。

(1) 地域や我が国の国土の地理的環境，現代社会の仕組みや働き，地域や我が国の歴史や伝統と文化を通して社会生活について理解するとともに，様々な資料や調査活動を通して情報を適切に調べまとめる技能を身に付けるようにする。

(2) 社会的事象の特色や相互の関連，意味を多角的に考えたり，社会に見られる課題を把握して，その解決に向けて社会への関わり方を選択・判断したりする力，考えたことや選択・判断したことを適切に表現する力を養う。

(3) 社会的事象について，よりよい社会を考え主体的に問題解決しようとする態度を養うとともに，多角的な思考や理解を通して，地域社会に対する誇りと愛情，地域社会の一員としての自覚，我が国の国土と歴史に対する愛情，我が国の将来を担う国民としての自覚，世界の国々の人々と共に生きていくことの大切さについての自覚などを養う。

果たしてこの度の改訂は，見た目通りの大幅な改訂なのか。それとも，何か特別な意図やねらいのもとに，これまでとは違った示し方へと改められたのだろうか。

◆資質・能力を前面に打ち出す示し方へ！

この素朴な疑問を解決する手掛かりを，平成28年12月の「幼稚園，小学校，高等学校及び特別支援学校の学習指導要領等の改善及び必要な方策等について（答申）」（以下「中教審答申」）から見出すことができる。

結論から先に述べると，これまでの指導内容を主軸にした学習指導要領の示し方から，各教科等で育成を目指す資質・能力を前面に打ち出す示し方へと改められたのである。

その理由や背景は次の通りである。

中教審答申では，今の子どもたちやこれから誕生する子どもたちが成人として社会で活躍する時代を“厳しい挑戦の時代”ととらえている。生産年齢人口の減少，グローバル化の進展や絶え間ない技術革新等により，社会構造や雇用環境が大きく，急速に変化しており，予測が困難な時代となっているからである。

そうした日本社会の将来を見据えると，次世代を切りひらく子どもたち一人ひとりが個人と社会の成長につながる新たな価値を生み出していくことのできる“持続可能な社会の形成者”として，豊かにたくましく成長していくことが期待されている。

こうした時代予測のもと，今，そしてこれからの学校教育に何が求められるのかについて様々な角度から検討が加えられてきた。

その結果，“よりよい学校教育を通じてよりよい社会を創る”という目標を学校と社会が共有し，連携・協働しながら，新しい時代に求められる資質・能力を子どもたちに育み「社会に開かれた教育課程」の実現をめざすという，学習指導要領改訂の基本方針が打ち出されたのである。

◆新しい時代に求められる資質・能力とは？

ところで，新しい時代に求められる資質・能力とは，具体的にどのような資質・能力なのか。

このことについて，中教審答申では，まず，現行学習指導要領がめざしてきた「生きる力」の育成を理念とし，知識及び技能と思考力，判断力，表現力等をバランスよく育成することを引き続き重視するという方向性をまず確認した。

その上で，「生きる力」をより具体化するために，教育課程全体を通して育成をめざす資質・能力を，次のア～ウの三つの柱で整理することとしている。

ア「何を理解しているか，何ができるか（生きて働く「知識・技能」の習得）」
イ「理解していること・できることをどう使うか（未知の状況にも対応できる「思考力・判断力・表現力等」の育成）」
ウ「どのように社会・世界と関わり，よりよい人生を送るか（学びを人生や社会に生かそうとする「学びに向かう力・人間性等」の涵養）」

これを受け，社会科を含むすべての教科等の目標及び内容を「知識及び技能」「思考力，判断力，表現力等」「学びに向かう力，人間性等」の三つの柱で再整理して示すこととしたのである。
社会科においても，この方向性にしたがって，教科目標，各学年の目標及び内容の示し方が大きく見直された。それが，見た目でこれまでとはまったく別物であるかのような印象を与えている最大の理由である。
それでは，資質・能力を前面に打ち出す表し方に改められた結果，大きく変わったのは，果たして見た目だけなのか。それとも，これまでとは異なる何か別の資質・能力を育てることが新たに求められているのだろうか。

◆社会科における「知識・技能」，「思考力，判断力，表現力等」「学びに向かう力・人間性等」とは

この本質的な疑問を解決する手掛かりを，中教審答申の中から探り当ててみると，社会科の学習指導要領ではこれまで使われていなかったキーワードが目に飛び込んでくる。
それは，『構想』という用語である。
以下，この『構想』がどのような文脈の中で用いられているのかを中心に，社会科に求められる資質・能力の本質を読み解いていきたい。
「社会科，地理歴史科，公民科の改善の基本方針」（中教審答申）では，次の通り，社会科，地理歴史科，公民科で育む資質・能力を『国家及び社会の形成者として必要な公民としての資質・能力』であるとし，小・中学校社会科ではその基礎を育成する必要があるとしている。
また，その資質・能力の具体的な内容を「知識・技能」，「思考力，判断力，表現力等」，「学びに向かう力・人間性等」の三つの柱で示すこととしている。

○　社会科，地理歴史科，公民科では，社会との関わりを意識して課題を追究したり解決したりする活動を充実し，知識や思考力等を基盤として社会の在り方や人間としての生き方について選択・判断する力，自国の動向とグローバルな動向を横断的・相互的に捉えて現代的な諸課題を歴史的に考察する力，持続可能な社会づくりの観点から地球規模の諸課題や地域課題を解決しようとする態度など，国家及び社会の形成者として必要な資質・能力を育んでいくことが求められる。

○　社会科，地理歴史科，公民科における教育目標は，従前の目標の趣旨を勘案して「公民としての資質・能力」を育成することを目指し，その資質・能力の具体的な内容を「知識・技能」，「思考力，判断力，表現力等」，「学びに向かう力・人間性等」の三つの柱で示した。
その際，高等学校地理歴史科，公民科では，広い視野に立ち，グローバル化する国際社会に主体的に生きる平和で民主的な国家及び社会の有為な形成者に必要な公民としての資質・能力を，小・中学校社会科ではその基礎をそれぞれ育成することが必要である。

さらに，社会科，地理歴史科，公民科で育む資質・能力の具体的な内容について，次のように整理している。

■「知識・技能」とは
・社会的事象等に関する理解などを図るための知識
・社会的事象等について調べまとめる技能

■「思考力，判断力，表現力等」とは
・社会的事象等の意味や意義，特色や相互の関連を考察する力
・社会に見られる課題を把握して，その解決に向けて構想する力
・考察したことや構想したことを説明する力
・それらを基に議論する力

■「学びに向かう力・人間性等」とは
・主体的に学習に取り組む態度
・多面的・多角的な考察や深い理解を通して涵養される自覚や愛情

これらのうち，「知識・技能」と「学びに向かう力・人間性等」については，そのすべてがこれまでも社会科でその育成に力を入れてきた。「思考力，判断力，表現力等」の中の「社会的事象等の意味や意義，特色や相互の関連を考察する力」「考察したことを説明する力」「議論する力」についても，小・中・高の発達の段階に応じてその育成が図られてきた。

◆『考察する力』と『構想する力』を両輪として・・・

これに対して，「思考力，判断力，表現力等」の中の「社会に見られる課題を把握して，その解決に向けて『構想する力』」については，この度の改訂でその育成が新たに求められている資質・能力である。

つまり，社会科では，これまで通り社会的事象等を学びの対象とし，まず，『考察する力』を駆使してその本質を追究しようとする。

その過程で生み出された自らの問いや疑問などについて，「調べまとめる技能」を駆使し，理解などを図る上で必要となる知識（情報）を獲得する。それをもとに，社会的事象等のもつ意味や意義，特色や相互の関連を考え，根拠に基づく確かな考えを導き出していくのである。

ここまでは従来通りであるといえる。

新学習指導要領では，持続可能な社会づくりの観点から，さらに一歩先の近未来にまで目を向けて，「社会に見られる課題を把握し，その解決に向けて創造的に問題解決していく力」の育成を求めている。それが『構想する力』である。

この『構想する力』がより確かなものとして発揮されるためには，現実社会を鋭く読み解くことが必要不可欠である。

『考察する力』を駆使して社会的事象等の本質を探り出す探究の上にこそ，社会に見られる課題を把握し，その解決に向けて創造的に問題解決していく力が発揮されるのである。

中教審答申の言葉を借りれば，「自国の動向とグローバルな動向を横断的・相互的にとらえて現代的な諸課題を歴史的

に考察する力」と「社会に見られる課題を把握して，その解決に向けて構想する力」こそが，よりよい社会の形成に参画する資質・能力の両輪であるといえる。

◆“過去を知り，今を見つめ，未来を考える”社会科へ

このように，新学習指導要領では，社会の現状に対して，広く世界に目を向けながら歴史的に考察することを通して鋭く洞察し，今の社会が抱える諸課題を把握し，その解決に向けて社会への関わり方を選択・判断する力の育成を強く求めているのである。

そうした資質・能力の育成を図るためには，社会科観の転換，すなわち“今の社会を読み解き，社会との付き合い方を学ぶ”社会科から，“過去を知り，今を見つめ，未来を考える”社会科への転換こそが必要であると私は考えている。

2 今こそ問題解決学習

◆学習の問題を追究・解決する活動を通して

社会科の教科目標，各学年の目標及び内容を見比べると，次の通りそのすべてにおいて，問題解決を意味する文章が盛り込まれている。

○課題を追究したり解決したりする活動を通して，（中略）資質・能力の基礎を次のとおり育成することを目指す。（教科目標）

○学習の問題を追究・解決する活動を通して，次のとおり資質・能力を育成することを目指す。（学年目標）

○学習の問題を追究・解決する活動を通して，次の事項を身に付けることができるよう指導する。（各学年の内容）

（注：教科目標については，中学校で用いる課題解決という表現に揃えている）

その意図について，中教審答申では，次のように指摘している。

○三つの柱（「知識・技能」，「思考力，判断力，表現力等」，「学びに向かう力・人間性等」）に沿った資質・能力を育成するためには，課題を追究したり解決したりする活動の充実が求められる。社会科においては従前，小学校で問題解決的な学習の充実が求められており，その趣旨を踏襲する。

つまり，小学校においては，これまでと同様に，問題解決的な学習の一層の充実を図ることが，社会科の資質・能力を育成する上で必要不可欠であるということである。だからこそ，目標・内容のすべてにおいて「学習の問題を追究・解決する活動を通して」という文章が繰り返し登場するのである。

なお，「学習の問題」という表現は，学校現場で広く用いられている「学習問題」と同じ意味合いで使われている。また，「通して」とは，「必ず行って」という強い意味をもっている。

このように，新学習指導要領の目玉である資質・能力の育成を図るには，これまで以上に問題解決的な学習の充実に努めることが必要不可欠である。まさに，“今こそ，問題解決学習”なのである。

◆なぜ，今こそ問題解決学習なのか？

ところで，なぜ，今こそ，問題解決学習なのか。その理由は，社会科それ自体がもつ教科の性格や特質に由来する。私は，そう考えている。

社会科は，本来「social studies」の日本語訳である。

「studies」は「study＝研究，探究」の複数形。つまり，学習の主体者である子どもが他の子どもや教師とともに研究，探究し合う教科。それが社会科の本来の姿である。教師の適切な働きかけにより，子どもが自ら問いを見出し，ともに学び合う仲間と対話するなどの社会的な関係を通して探究し合う。こうした子どもが学びの主役となり，ともに学び合う仲間と協働して学習問題を追究・解決していく問題解決学習の過程において，「知識・技能」，「思考力，判断力，表現力等」，「学びに向かう力・人間性等」の三つの資質・能力が一体的に育まれるのである。

◆“主体的・対話的で深い学び”の実現を目指して

なお，各教科等で育む資質・能力を育てるために，この度の改訂では，「主体的・対話的で深い学び」の実現を図ることを求めている。

社会科においては，問題解決学習の充実こそが，「主体的・対話的で深い学び」を実現する鍵を握っているといえる。

そのことが，新学習指導要領において，次のように述べられている。

> 単元など内容や時間のまとまりを見通して，その中で育む資質・能力の育成に向けて，児童の主体的・対話的で深い学びの実現を図るようにすること。その際，（中略）学習の問題を追究・解決する活動の充実を図ること。（指導計画作成上の配慮事項）

ここで，あえて繰り返す。今こそ，問題解決学習。それを通して，「主体的・対話的で深い学び」の実現を図り，資質・能力を一体的に育成する。

これこそが，これからの社会科に求められる学びの姿なのである。

3 新単元・新教材の開発と新しい発想による単元づくり

◆教育内容の見直し・改善の方向性とは

学習指導要領の改訂で現場の授業づくりを大きく左右するのが，学習内容に関わる改善事項である。

学習指導要領の改訂においては，その多くがスクラップ＆ビルドの考え方で内容の見直し・改善が図られる。社会科全

体の総時数，各学年の指導時数には限りがあるからである。

前回の改訂では，小・中社会科全体で75時間，小学校では20時間ほど，社会科の授業時数が加えられた。その増加分の内容を加えて充実を図ることができたわけだが，この度の改訂では授業時数は従来通りである。

そうした限られた条件の中で，「社会科，地理歴史科，公民科の改善の基本方針」（中教審答申）では，教育内容の見直し・改善の方向性について，「社会に見られる課題を把握して，その解決に向けて構想する力を養うためには，現行学習指導要領において充実された伝統・文化等に関する様々な理解を引き続き深めつつ，将来につながる現代的な諸課題を踏まえた教育内容の見直しを図ることが必要である」と指摘している。

◆現代的な諸課題，持続可能な社会づくりの観点から

この方向性に対して，小学校社会科にも深く関わっている現代的な諸課題としては，グローバル化への対応，持続可能な社会の形成，情報化等による産業構造の変化やその中での起業，防災・安全への対応，選挙権年齢の18歳への引き下げに伴う諸課題にも留意した政治参加，少子高齢化等による地域社会の変化などが考えられる。

そこで，小学校社会科においては，具体的な改善事項として次の方向性を掲げている。

> 小学校社会科においては，世界の国々との関わりや政治の働きへの関心を高めるよう教育内容を見直すとともに，自然災害時における地方公共団体の働きや地域の人々の工夫・努力等に関する指導の充実，少子高齢化等による地域社会の変化や情報化に伴う生活や産業の変化に関する教育内容を見直すなどの改善を行う。

この基本方針にのっとり，各学年の内容の見直し・改善が図られたわけだが，新単元・新教材の開発が必要となる大幅な改善は，次に示す通りである。

○第３学年「市の様子の移り変わり」
　＊少子高齢化等による地域社会の変化に関する教育内容の見直し
○第４学年「自然災害から人々を守る活動」
　＊自然災害時における地方公共団体の働きや地域の人々の工夫・努力等に関する指導の充実
○第５学年「我が国の産業と情報との関わり」
　＊情報化に伴う生活や産業の変化に関する教育内容の見直し

このほか，これまでの指導計画を見直し，新しい発想による単元づくりなどが求められる部分的な改善が要求される内容もいくつか見られる。

その詳細は，第３章「新・旧の対比で見えてくる“社会科授業づくりの新しい方向性”」（P43～78）において具体的に述べていくので，そちらを参照していただきたい。

日文『小学社会』がめざすもの

新しい学習指導要領が告示された。10 年ぶりの改訂である。その要点は既に解説した通りである。ここでは，この改訂を受けて，日文『小学社会』がどのように生まれ変わろうとしているのか，すなわち，教科書改善の今後の方向性について述べていく。

1 日文『小学社会』がめざす問題解決学習

◆問題解決学習を堅持する

日文『小学社会』では，一貫して，問題解決学習を堅持してきた。問題解決学習こそが社会科固有の学びの姿であり，子どもたちの主体的な探究を保証するものだからである。

社会科は“Social Studies”を日本語に翻訳したものである。“Study”が意味しているのは「研究，探究」であり，複数形がとられている。ここに深い意味がある。“Social＝社会（生活）”について研究，探究していく主体（主役）は子ども一人ひとり。そして教師も子どもたちと同じ土俵に立ち，“Social＝社会（生活）”の本質やあるべき姿を子どもたちとともに研究，探究していく。それこそが社会科本来の姿であるという意味が込められている。だからこそ，“Studies”という複数形なのである。

日文『小学社会』が，問題解決学習を守り貫いてきたのは，こうした社会科という教科のもつ本来の姿や不易の性格を大事にしているからである。

◆問題解決的な学習をより一層充実させる

新学習指導要領では，以下の通り，問題解決的な学習をこれまで通り充実させるという方向性が打ち出されている。

> 社会科においては従前，小学校で問題解決的な学習の充実，中学校で適切な課題を設けて行う学習の充実が求められており，それらの趣旨を踏襲する。
> 〈社会科，地理歴史科，公民科の改善の具体的な改善事項（中央教育審議会答申）より〉

このことについては，答申の P.133 ～ 134 で詳しく述べている。ここでは，教科目標や各学年の目標，内容などにおいて，「学習の問題を追究・解決する活動を通して」「よりよい社会を考え主体的に問題解決しようとする態度を養う」「学習の問題を追究・解決する活動の充実を図る」など，問題解決的な学習の一層の充実を求める記述が，新学習指導要領の随所に盛り込まれていることを指摘しておきたい。

◆“より主体的に学ぶ”問題解決学習をめざして

問題解決学習を守り貫いてきた日文『小学社会』と新学習指導要領の改善の方向性とがピッタリと重なってくる。まず，そのことに気付かれたのではないだろうか。

この新学習指導要領の力強い改善の方向性を真正面から受け止め，日文『小学社会』としては，さらに一段高いレベルを求めて，次の一歩を踏み出す決意である。それが“より主体的に学ぶ”問題解決学習を実現していくことになる。

子どもは正直である。教師の一方的な指示や力業だけでは“目を輝かせて学ぶ”という姿を見せてはくれない。テストの点数をちらつかせることにより，子どもたちの学ぶ意欲をかき立てるといった小技は社会科にはまったく通用しない。だからこそ，社会科は扱い難い教科の筆頭に上がることが多いのだろう。

それでは，目を輝かせて社会科を学ぶよう子どもを導くにはどうすればよいのか。この難問の解決策こそが，日文『小学社会』がめざそうとする“より主体的に学ぶ”問題解決学習なのである。

◆丹念な子ども理解を通して，教材との魅力的な出会いを工夫する

日文『小学社会』では，社会科を学ぶ子どもが，すでに社会の一員として社会生活を営んでいるという見方で子どもをとらえていく。そうした子ども理解を通して，“子どもと教材との魅力的な出会い”を教師が演出できるよう知恵を絞っていくのである。

そのための第一歩は，子どもの日々の生活実態や子どもを取り巻く社会生活を，子ども目線でとらえることである。子どもはどんな経験をもち，何に興味・関心を向け，どのような願いをもっているのかなどについて，つぶさにつかんでおくようにする。その際，情報化の波から受ける様々な影響にも目を向けていく必要がある。子どもを取り巻く社会は日々激しく変化しているからである。

こうした丹念な子ども理解を踏まえ，次に必要なことは，子どもを“わくわく・ドキドキするような社会科の学習へと誘い込む”ことである。

このことについて，日文『小学社会』では，子どもの目の高さに立つ“子どもと教材との出会い”を大切にしている。

すなわち，どんな素材を発掘して教材化し，それをどのように提示し問いかければ，子どもの「！」＝「驚きや知りたいという知的興奮」を引き出し，「？」＝「素朴な問いや知的好奇心」へと導くことができるのか。あるいは，社会科が扱う様々な事象に対して，子どもの日々の生活と関連付け，「気になる」「心配だ」「大丈夫か」など自分ごととしてとらえさせるにはどうすればよいのか等々。そうした子どもの目の高さに立った様々なタイプの教材との出会いを工夫していきたい。

◆「わたしの問題」を見出し，その質を磨き高めながら，問題の追究・解決に没頭させていく

“より主体的な学び”を生み出す原動力となるものは何か。

それは，子ども一人ひとりが抱く問題意識である。その出発点となるのが子どもの素朴な問いである。前述した“子どもと教材との出会い”の中で，この素朴な問いが芽生え，それがいずれ深い問題意識へと成長・発展していくのである。

そうした意図に基づき，日文『小学社会』が大事にしているものが「わたしの問題」である。

子ども一人ひとりが「わたしの問題」をもち続け，追究の過程でその問題の質を磨き高めながら，自分の体と頭をフル回転させて問題の追究・解決に没頭する。この姿こそが主体的な学びである。こうした“より主体的に学ぶ”授業こそが，日文『小学社会』がめざす問題解決学習のあるべき姿なのである。

◆問題解決学習の過程を可視化する

それでは，子どもと教師が“Social Studies”の関係を保ちながら，“より主体的に学ぶ”問題解決学習を実現していくには，どのような指導の手立てや方策が必要なのか。

その一つが，“問題解決の過程を可視化する教科書”である。

子どもが教科書の中に入り込んで，教科書に登場する子どもたちと対話しながら学習を進めていく。その学びのプロセスが問題解決そのものであれば，結果的にはどの子も問題解決の学びを体験したことになる。この問題解決の学びを大きく振り返ったり，そうした学びを各単元で繰り返し行ったりしていくことを通して，社会科固有の学びである問題解決学習を子どもが自力で推し進めていける原動力，すなわち，学びに向かう意欲や意志，能力などをどの子にも培っていくことができるのである。

教師は，子どもが教科書の中に入り込んで学べるように水先案内をしたり，自分も教科書の中に入り込んで子どもとともに探究したりするという姿勢で教科書を活用していくことが大切である。

2 “社会科の資質・能力”が育つ授業

◆社会科で育む資質・能力とは

新学習指導要領では，社会科の教科目標，各学年の目標，そのどちらについても，三つの具体目標（①知識・技能，②思考力，判断力，表現力等，③学びに向かう力，人間性等）が示されている。

これらの具体目標は，この度の改訂で大きく打ち出された「公民としての資質・能力の基礎」を上記①から③の三つの柱にのっとり整理したものである。今後の社会科の授業づくりにおいては，その育成をめざすことが求められている。

ところで，この三つの柱で整理し示された社会科で育む資質・能力とは，具体的にどのようなものなのか。それを社会科の教科目標から抜き出し再整理してみると，次のようになる。

【知識・技能】

○地域や我が国の国土の地理的環境，現代社会の仕組みや働き，地域や我が国の歴史や伝統と文化を通した社会生活についての理解

○様々な資料や調査活動を通して情報を適切に調べ，まとめる技能

【思考力，判断力，表現力等】

○社会的事象の特色や相互の関連，意味を多角的に考える力

○社会に見られる課題を把握して，その解決に向けて社会への関わり方を選択・判断する力

○考えたことや選択・判断したことを適切に表現する力

【学びに向かう力，人間性等】

○社会的事象について，よりよい社会を考え主体的に問題解決しようとする態度

○地域社会に対する誇りと愛情，地域社会の一員としての自覚，我が国の国土と歴史に対する愛情，我が国の将来を担う国民としての自覚，世界の国々の人々と共に生きていくことの大切さについての自覚など

ここに挙げられた多くは，小学校社会科において，従前から，その育成が図られてきたものであるが，「社会に見られる課題を把握して，その解決に向けて社会への関わり方を選択・判断する力」と「社会的事象について，よりよい社会を考え主体的に問題解決しようとする態度」の二つは，この度の改訂で新たに登場した，いわば次期社会科の目玉である。

これらは，現行の学習指導要領においても重視されてきた，よりよい社会の形成に参画する資質や能力を具現化し，目標に明示したものと考えられる。

◆社会的事象の見方・考え方を働かせて行う問題解決学習を通して

ところで，上記二つを含め，社会科に求められる資質・能力を，すべての子どもに確実に身に付けていくにはどうすればよいのか。この新学習指導要領のもとでの授業改善のポイントとなるのが，“社会的事象の見方・考え方を働かせて行う問題解決学習”である。

社会科のすべての学年の目標には，次の文言が盛り込まれている。

> 社会的事象の見方・考え方を働かせ，学習の問題を追究・解決する活動を通して，次のとおり資質・能力を育成することを目指す。
> (下線は筆者)

つまり，社会科の各学年の指導においては，学習の問題を追究･解決する活動，すなわち，問題解決学習を通す（必ず行う）こと。その際，社会的事象の見方・考え方を働かせるようにすることを求めているのである。

それはなぜか。社会科で育む資質・能力，とりわけ「思考力，判断力，表現力等」「学びに向かう力」を育成するには，社会的事象の見方・考え方を働かせて，問題を見つけ，調べ，考える学習や，社会に見られる課題を把握して，その解決に向けて社会への関わり方を選択・判断する学習など，“社会的事象の見方・考え方を働かせて行う問題解決学習”を豊かに展開していくことが求められるからである。

◆社会的事象の見方・考え方を働かせるとは

それでは，社会的事象の見方・考え方を働かせるとは，具体的に，何をどうすればよいのか。それを明らかにするには，まず，その用語の意味を正しく理解しておく必要がある。

社会的事象の見方・考え方とは，「社会的事象を，①位置や空間的な広がり，②時期や時間の経過，③事象や人々の相互関係などに着目してとらえ，比較・分類したり総合したり，地域の人々や国民の生活と関連付けたりすること」である。

例えば，「自然災害から人々を守る活動」（第４学年の内容(3)）について，問題解決学習を通して追究していく際，「自分の住む県では，いつごろ，どこで，どのような自然災害が起きているのか」「そうした自然災害に対して，誰が，どのような対策を行ってきたのか」という問いを立て，聞き取り調査したり資料で調べたりする。この前者が「①位置や空間的な広がり」と「②時期や時間の経過」に着目して，後者が「③事象や人々の相互関係」に着目して調べ，それぞれ社会的事象をとらえることである。

ここでとらえた事実（情報）をもとに，自然災害から人々を守る活動について，自然災害に対して安心・安全を願う県民の生活と関連付け，その働きを考えていく。それが，社会的事象の見方・考え方を働かせて問題を追究・解決していく学習のイメージである。その詳細は，後ほど詳しく述べていく。

ところで，こうした学習は必ずしも目新しいものではない。問題解決学習の優れた実践では，①〜③の着眼点で問いを立て，それを明らかにする追究を展開してきた。しかし，その着眼点が学習指導要領の各学年の内容レベルで具体的に示されたところが，新学習指導要領の目玉となっている。

◆社会的事象の見方・考え方を働かせる学習の鍵は「問い」と「資料」

つまり，新学習指導要領における社会科では，各学年の内容ごとに明示された社会的事象の見方・考え方を，どのような「問い」と「資料」により，子ども主体の学習活動として具現化していくのか，そうした授業づくりの実践課題の解決を，現場の先生方に求めているのである。

社会的事象の見方・考え方を働かせていくのは，子どもである。

しかし，社会科を学び始めた３年生の子どもたちにそれを求めるのは無理がある。社会科を学ぶ最初の段階では，教師による細やかな指導が必須である。それは，教師が子どもに提示する資料の選定であり，子どもに問いかける発問である。そうした教師と子どもとのともづくりで行う授業を出発点として，次第に子どもが自ら資料を選択したり問いかけたりできる力を段階的かつ継続的に高めていくことが必要となるのである。

3 “主体的・対話的で深い学び”へと導くポイント

◆日文『小学社会』がめざす問題解決学習と「主体的な学び」

新学習指導要領では，各単元の学習の中で育む資質・能力を育てるために，主体的・対話的で深い学びの実現を図ること，その際，学習の問題を追究・解決する活動の充実を図ることを求めている。

ここに示された授業改善の姿こそ，日文『小学社会』が求め続けてきた社会科のあるべき姿である。

◆「わたしの考え」を「わたしたち（みんな）の考え」へと思考を深める「対話的な学び」

一方，学習の対象である社会的事象（ある目的を実現するために人々がつくり出したものや事柄など）は複雑であり，いろいろな側面（多面性）をもっている。立場を変え多角的に見ると，有益か不利益かの価値判断が分かれてしまう場合も十分にあり得る。

そうした社会的事象を学習対象としている社会科においては，別の見方をする協働学習者との意見のやり取りが重要である。つまり，一人ひとりの子どもが「わたしの問題」を追究する中で「わたしの考え」をもつようにする。その上で，互いの考えを伝え合い，吟味・検討し合う「対話的な学び」へと子どもたちを導くことにより，「わたしの考え」を「わたしたちの考え」へ，さらには「みんなの考え」へと，子どもたちの思考を深めていくのである。

ここでの学び合いを通して，みんなの幸せを願い，みんなでつくる社会（生活）において真に大切なことは何か，よりよい社会をつくるために解決していかなければならない課題（社会に見られる課題）は何か，それを解決するには何をどうすればよいのかなど，子どもたちの思考を連続的・段階的に深め，より高い次元へと高めていくことが大切である。

◆社会の仕組みや働きの理解から，よりよい社会を考え選択・判断する意見交流へ

別の言い方をすれば，まずは社会の仕組みや働きがわかるようにする。その上で，よりよい社会の形成を指向した“建設的な世論形成”へと子どもたちの学びを深めていくのである。

こうした考え方に基づき，日文『小学社会』では，“主体的・対話的で深い学び”へと学習を導く手立て・方策を提案したいと考える。

4 “中学校への接続・発展”も視野に入れ，“社会科らしい授業”をどう展開するか

これまで述べたことに加え，日文『小学社会』では，小学校から中学校への学びの接続・発展を重視すること，若い経験の浅い先生方にも社会科らしい授業を日々実践していただくためにわかりやすい紙面構成や様々なコーナーを工夫することなど，新時代のニーズに応えていきたいと考える。

第2章

新学習指導要領を読み解く

“五つのキーワード”

資質・能力

大きく変わる目標・内容の示し方

1 資質・能力は目標にどのように位置付けられたのか

◆なぜ，目標の示し方が大きく改められたのか

新学習指導要領では，教科目標や各学年の目標の示し方が大きく改められた。『資質・能力』を前面に打ち出す大幅な改訂である。そのことについては第1章ですでに述べた。

ところで，この度の改訂で，なぜ，目標の示し方が大きく改められたのか。その理由は，初等中等教育が一体となって子どもを育てるという理念の下に，小・中・高等学校の接続・発展（縦軸）と各教科等の相互関係（横軸）という二つの観点から教科目標や学年目標を整理し直したからである。

その結果，教科目標及び各学年の目標の示し方が，学校教育法30条2項に示された学力の三要素に基づく三つの資質・能力（「知識，技能」，「思考力，判断力，表現力等」，「学びに向かう力，人間性等」）を受ける形へと大きく改められたのである。

◆各学年の目標の示し方はどのように改められたのか

第5学年を例に取り上げ，資質・能力が学年目標にどのように位置付けられたのかを具体的に述べていきたい。

新（平成29年版）	旧（平成20年版）
社会的事象の見方・考え方を働かせ，学習の問題を追究・解決する活動を通して，次のとおり資質・能力を育成することを目指す。 ⑴　我が国の国土の地理的環境の特色や産業の現状，社会の情報化と産業の関わりについて，国民生活との関連を踏まえて理解するとともに，地図帳や地球儀，統計などの各種の基礎的資料を通して，情報を適切に調べまとめる技能を身に付けるようにする。 ⑵　社会的事象の特色や相互の関連，意味を多角的に考える力，社会に見られる課題を把握して，その解決に向けて社会への関わり方を選択・判断する力，考えたことや選択・判断したことを説明したり，それらを基に議論したりする力を養う。 ⑶　社会的事象について，主体的に学習の問題を解決しようとする態度や，よりよい社会を考え学習したことを社会生活に生かそうとす	⑴　我が国の国土の様子，国土の環境と国民生活との関連について理解できるようにし，環境の保全や自然災害の防止の重要性について関心を深め，国土に対する愛情を育てるようにする。 ⑵　我が国の産業の様子，産業と国民生活との関連について理解できるようにし，我が国の産業の発展や社会の情報化の進展に関心をもつようにする。 ⑶　社会的事象を具体的に調査するとともに，地図や地球儀，統計などの各種の基礎的資料を効果的に活用し，社会的事象の意味につ

る態度を養うとともに，多角的な思考や理解を通して，我が国の国土に対する愛情，我が国の産業の発展を願い我が国の将来を担う国民としての自覚を養う。	いて考える力，調べたことや考えたことを表現する力を育てるようにする。

新旧の目標を対比してみると，どちらも三つの具体目標で構成されている。しかし，それぞれの内容を比べてみると，大きな違いが見られる。

新学習指導要領では，育成をめざす三つの資質・能力，すなわち(1)「知識・技能」，(2)「思考力，判断力，表現力等」，(3)「学びに向かう力，人間性等」で構成されている。

一方，従前の学習指導要領では，(1)と(2)が「理解と態度」，(3)が資料活用の技能，思考力，表現力等の「能力」に関する目標で構成されている。

さらに，新学習指導要領では，社会的事象の見方・考え方を働かせ，学習の問題を追究・解決する活動を通して(1)～(3)の資質・能力を育成するという学びのプロセスをも目標に明記しているのである。

2 資質・能力は内容にどのように位置付けられたのか

◆内容の示し方はどのように改められたのか

新学習指導要領では，各学年の内容についても，目標の示し方と同様に，育成をめざす三つの「資質・能力」((1)「知識・技能」，(2)「思考力，判断力，表現力等」，(3)「学びに向かう力，人間性等」）で構成されている。

その示し方の違いに着目して，新旧の内容を対比してみると，それぞれの示し方の違いと両者の関係を読み解くことができる。

以下，具体例として，変更点が少ない第４学年の内容(2)「人々の健康や生活環境を支える事業」を取り上げ，違いと関係を読み解いていきたい。

新（平成29年版）	旧（平成20年版）
(2) 人々の健康や生活環境を支える事業について，学習の問題を追究・解決する活動を通して，次の事項を身に付けることができるよう指導する。 ア 次のような知識及び技能を身に付けること。 (ア) 飲料水，電気，ガスを供給する事業は，安全で安定的に供給できるよう進められていることや，地域の人々の健康な生活の維持と向上に役立っていることを理解すること。 (イ) 廃棄物を処理する事業は，衛生的な処理や資	(3) 地域の人々の生活にとって必要な飲料水，電気，ガスの確保や廃棄物の処理について，次のことを見学，調査したり資料を活用したりして調べ，これらの対策や事業は地域の人々

源の有効利用ができるよう進められていることや，生活環境の維持と向上に役立っていることを理解すること。 (ウ) 見学・調査したり地図などの資料で調べたりして，まとめること。 イ 次のような思考力，判断力，表現力等を身に付けること。 (ア) 供給の仕組みや経路，県内外の人々の協力などに着目して，飲料水，電気，ガスの供給のための事業の様子を捉え，それらの事業が果たす役割を考え，表現すること。 (イ) 処理の仕組みや再利用，県内外の人々の協力などに着目して，廃棄物の処理のための事業の様子を捉え，その事業が果たす役割を考え，表現すること。	の健康な生活や良好な生活環境の維持と向上に役立っていることを考えるようにする。 ア 飲料水，電気，ガスの確保や廃棄物の処理と自分たちの生活や産業とのかかわり イ これらの対策や事業は計画的，協力的に進められていること。

新学習指導要領では，次の通り，まず学習のテーマを示している。次に，「学習の問題を追究・解決する活動を通して」という学びのプロセスを明示している。その上で，身に付ける知識や技能，思考力，判断力，表現力等を示すなど，育成を目指す「資質・能力」を示すという方法が用いられている。

［A＝学習のテーマ］について，学習の問題を追究・解決する活動を通して，次の事項を身に付けることができるよう指導する。
ア 次のような知識や技能を身に付けること。
(ア) ［B＝知識（理解させたい事柄)］を理解すること。
(イ) ［C＝調べる技能］などで調べて，［D＝まとめ方の技能］などにまとめること。
イ 次のような思考力，判断力，表現力等を身に付けること。
(ア) ［X，Y，Z＝調べる視点（着眼点)］などに着目して，［E＝調べる活動を通して捉えさせたい事実（考えるもとになる情報)］を捉え，［F＝考えさせること］を考え，表現すること。

一方，従前の学習指導要領では，第6学年の内容の(1)を除くすべての内容について，次の通り，「学習のテーマについて，何（調べる対象）を，どのように調べ（学習の仕方），何（考えさせること）を考える」ようにするのかという，学習活動のプロセスを示す記述となっているのである。

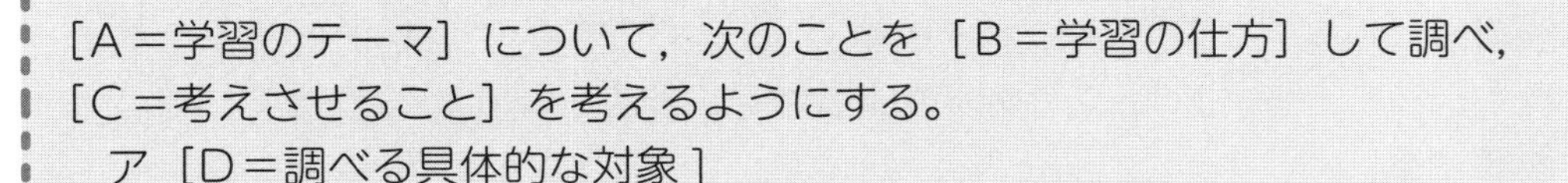

［A＝学習のテーマ］について，次のことを［B＝学習の仕方］して調べ，
［C＝考えさせること］を考えるようにする。
　ア［D＝調べる具体的な対象］

　このように，新学習指導要領では育成をめざす「資質・能力」が前面に打ち出されているのに対して，これまでの学習指導要領では「学習のプロセス」が具体的に読み取れる示し方が用いられている。

◆新しい学習指導要領は，ここに注目！

　さらに，新学習指導要領には，その示し方として，従前の弱点を補う意図で，次の二つの配慮が施されている。

①問題解決的な学習のプロセスにおいて，子どもが「何に着目して，どのような事実（情報）を捉え，どのように考えるのか」が具体的に示されていること。

②そうした問題の追究・解決の結果，何が理解できればよいのか（概念的な知識）が明示されていること。

　以下，例示の第４学年の内容⑵「人々の健康や生活環境を支える事業」で，上記①②について解説を加えておきたい。
　新学習指導要領では，「飲料水，電気，ガスを供給する事業」と「廃棄物を処理する事業」のそれぞれに対して，学習問題の追究・解決のプロセスを，次の二つに書き分けて示している。

○「飲料水，電気，ガスを供給する事業」：供給の仕組みや経路，県内外の人々の協力などに着目して（調べ），飲料水，電気，ガスの供給のための事業の様子を捉え，（その事実（情報）をもとに，）それらの事業が果たす役割を考え，表現すること。

○「廃棄物を処理する事業」：処理の仕組みや再利用，県内外の人々の協力などに着目して（調べ），廃棄物の処理のための事業の様子を捉え，（その事実（情報）をもとに，）その事業が果たす役割を考え，表現すること。

　さらに，そうした問題の追究・解決の結果として求める理解についても，次のように，「飲料水，電気，ガスを供給する事業」と「廃棄物を処理する事業」を，それぞれ次のように書き分けている。

○「飲料水，電気，ガスを供給する事業」：安全で安定的に供給できるよう進められていることや，地域の人々の健康な生活の維持と向上に役立っていることを理解すること。

○「廃棄物を処理する事業」：衛生的な処理や資源の有効利用ができるよう進められていることや，生活環境の維持と向上に役立っていることを理解すること。

このように，新学習指導要領では，学習のテーマ（例えば，人々の健康や生活環境を支える事業）に関わる学習問題を追究・解決する過程において，社会的事象等を見たり考えたりする際の視点や方法（何に着目して調べ，どのように考えるのか）と，その帰結として求めるゴールの姿（理解内容）が明示されているところに，大きな特徴がある。

3 新旧学習指導要領の内容の示し方に，どんな関係が見られるのか

新旧学習指導要領の内容の示し方には，両者の間で，次に示すような関係が見られる。それを理解していれば，新旧学習指導要領の内容の違いと共通点を正確に捉えることができる。

新学習指導要領の「思考力，判断力，表現力等」の記述の間に，「技能」と「知識」を挿入すると，これまでの学習指導要領と同じ示し方に書き改めることができる。

・[A] について，
　学習の問題を追究・解決する活動を通して，
・[X，Y，Z] などに着目して，
・[C] などで調べて，
・[D] などにまとめ，
・[E] を捉え，
・[F] を考え，表現することにより，
・[B] を理解する。

〈具体例：「人々の健康や生活環境を支える事業」第４学年内容⑵〉

□⑵ の ㈠「飲料水，電気，ガスの供給のための事業」の場合

・[A＝人々の健康や生活環境を支える事業] について，
　学習の問題を追究・解決する活動を通して，
・[X＝供給の仕組みや経路，Y＝県内外の人々の協力] などに着目して，
・[C＝見学・調査したり地図などの資料] で調べたりして，
・[D＝まとめ方は自由] まとめ，
・[E＝飲料水，電気，ガスの供給のための事業の様子] を捉え，
・[F＝それらの事業が果たす役割] を考え，表現することにより，
・[B＝飲料水，電気，ガスを供給する事業は，安全で安定的に供給できるよう進められていることや，地域の人々の健康な生活の維持と向上に役立っていること] を理解する。

□⑵ の ㈡「廃棄物を処理する事業」の場合

・[A＝人々の健康や生活環境を支える事業] について，
　学習の問題を追究・解決する活動を通して，
・[X＝処理の仕組みや再利用，Y＝県内外の人々の協力] などに着目して，
・[C＝見学・調査したり地図などの資料] で調べたりして，
・[D＝まとめ方は自由] まとめ，
・[E＝廃棄物の処理のための事業の様子] を捉え，
・[F＝それらの事業が果たす役割] を考え，表現することにより，
・[B＝廃棄物を処理する事業は，衛生的な処理や資源の有効利用ができるよう進められていることや，生活環境の維持と向上に役立っていること] を理解する。

なお，これまで述べたことを裏返してみると，従前の学習指導要領の内容について，資質・能力の要素である「知識・技能」，「思考力，判断力，表現力等」を抽出して書き分ければ，新学習指導要領の示し方へと改めることができることを意味している。

問題解決的な学習

社会科固有の学びのプロセス

1 『問題解決的な学習』とは

◆資質・能力の育成に向けて

新学習指導要領では，問題解決的な学習の充実を図ることを求めている。そのことは，目標や内容のいずれについても，「学習の問題を追究・解決する活動を通して」資質・能力の育成をめざすとうたわれていること，指導計画作成上の配慮事項においても「資質・能力の育成に向けて，児童の主体的・対話的で深い学びの実現を図るようにすること。その際，（中略）学習の問題を追究・解決する活動の充実を図ること」と示されていることからも明らかである。

つまり，問題解決的な学習（注：学習指導要領解説社会編では，「学習の問題＝学習問題」「学習の問題を追究・解決する活動＝問題解決的な学習」と読み換えて解説している）は，社会科の資質・能力を育てる授業づくりの必要条件であるといえる。

ところで，学習指導要領解説社会編では「学習問題とは何か」，「問題解決的な学習とはどのような学習か」などの基本的な問いに対して，明確な定義付けや説明を行っていない。その理由は，それぞれの定義や解釈が必ずしも一様ではないからである。

そこで，すでに発行されている社会科の用語解説や辞典，国レベルの諸資料などを手掛かりにして，私の解釈や考えを述べていきたい。

◆自分から問題をとらえ，自分の頭で考えて問題を追究・解決していく

土屋武志氏は，「問題解決学習は学習者が自発的に学習問題をとらえ，これを追究していく学習方法である。学習内容に関する相違，学習方法についての相違から大きく二つのタイプ(問題解決学習，問題解決型あるいは問題解決的学習）がある。いずれも学習者が問題を自覚し「思考する」行為をともなって解決するという共通性をもっている。」（『社会科重要用語 300 の基礎知識』明治図書。筆者が一部要約）と，また高山次嘉氏は，「問題解決学習とは一般に学習者が自らの問題意識に即して学習問題をとらえ，それに主体的に取り組み，科学的思考を働かせてその解決の方途を探究するように自発的諸活動を組織する学習指導をいう」（『新訂社会科教育指導用語辞典』教育出版。筆者が一部要約）と，それぞれ解説している。

両者の説明から，問題解決的な学習に欠かせない二つの要件を読み取ることができる。

〈要件その１〉
学習者が，自らの問題意識に即して自発的に学習問題をとらえる

〈要件その２〉
学習者が，自ら考えることを通して学習問題を追究・解決していく

つまり，子ども一人ひとりが自分から問題をとらえ，自分の頭で考えてその問題を追究・解決していく学習でなければ問題解決的な学習とはいえないとしている。

このことは，「生きる力」の育成を提唱した教育課程審議会の中間まとめ（平成９年11月）の次の指摘にもつながるものである。

> 生涯学習の基礎を培い，「生きる力」をはぐくむ観点から，自ら課題をみつけ，よりよく課題を解決する資質や能力を育成するとともに，日本や世界の諸事象を多面的に考察し，公正に判断する能力や態度を育成する上で，問題解決的な学習を重視する。（傍点は筆者）

すなわち，社会科の学習指導要領では，これまでも，自ら学ぶ意欲や思考力，判断力，表現力などの「生きる力」を育むことをねらいとして，自ら課題（問題）を見つけ，よりよく課題（問題）を解決する資質や能力など問題解決に必要な資質や能力，社会的事象を多面的に考察し，公正に判断する能力や態度などの育成をめざして，問題解決的な学習を重視してきた。

この社会科改善の足跡を踏まえ，この度の改訂では，具体的な改善事項として「三つの柱に沿って資質・能力を育成するためには，課題を追究したり解決したりする活動の充実が求められる。社会科においては従前，小学校で問題解決的な学習の充実，中学校で適切な課題を設けて行う学習の充実が求められており，それらの趣旨を踏襲する。」という１項目が置かれたのである。

2 『問題解決学習』で本気の学びを！

◆学習問題に求められる三つの要件

“社会科の授業は学習問題で決まる”という言葉をしばしば耳にする。

含蓄のある言葉である。この言葉には，その後の問題追究の過程や結果を大きく左右する二つの大事な意味が込められている。

その一つが，子どもが“どのような学習問題”をとらえたのかという「学習問題の質」，いま一つが，子どもが学習問題を“どのようにとらえたのか”という「学習問題をとらえる過程」である。

この現場の授業づくりで大切にされている学習問題の質やそれをとらえる過程については，「新しい学力観に立つ社会科の授業の工夫」（文部科学省発行の指導資料）から，今でも参考になる数多くのヒントを得ることができる。

その一つが，「子どもが学習問題をつくるとは，子ども一人ひとりが問題意識を醸成していくことである」という，子どもが学習問題をとらえるプロセスで大切にしたい指導のポイントについての記述である。

ここには，子どもに芽生えた問題意識を「わたしの学習問題」へと醸成させていく，次の三つの過程が示されている。
①子どもにとって意外性のある社会的事象などとの出会いにより，子どもの中に問題や疑問が生まれ，それを解決していこうとする意欲をもつようになる。
②問題や疑問に対して自分なりに予想したり，それらを友達と交流したりして，問題意識を焦点化していく。
③問題解決の方法や内容，手順など，自分の学習計画を具体的に立案し，学習の見通しをもつようになる。

いま一つが，「問題解決的な学習を通して社会的なものの見方や考え方を育てること。特に，思考力や判断力，表現力，実践力を身に付けること」という，学習問題の質に関わる指摘である。

ここでいう社会的なものの見方や考え方を育てるとは，学習問題を追究・解決する過程において調べた事実（知識）を基に社会的事象の意味を考え，自分の言葉で表現し，理解を深めていくことにより，学習者の理解と態度，能力を一体的に育てることを意味している。

これらを踏まえ，学習問題には三つの要件が必要であると私は考えている。

一つ目が，学習問題を追究・解決する活動を通して，学習内容のまとまり（単元など）の“目標実現が保障されている”ことである。

たとえ子どもがその問題に没頭し，夢中で追究したとしても，「活動あって学び（社会科の内容）なし」では，社会科の学習とはいえない。

二つ目が，追究に値する学習の問題として，“意識化・共有化されている”ことである。

ここでいう意識化とは，社会的事象との出会い（事実認識）によって生まれた驚きや素朴な問い，疑問など，学習者の問題意識に裏付けられていることである。また，共有化とは，個人レベルの驚きや素朴な問い，疑問など（わたしの問題）が，協働学習者とのかかわりの中で，わたしたちの問いからみんなの問い，すなわち，しっかりと調べ，証拠（事実）に基づいて考えてみなければわからない，確かにそうだとはいえない本質的な問いとして方向付けられ，焦点化されていることである。

三つ目が，個々の子どもが，学習問題の追究・解決の見通しをもっていることである。

そのためには，発達の段階に応じて，調べる視点や事柄，手順や方法，表現方法やまとめ方をみんなで話し合うなど，追究の見通しや計画がもてるように指導・支援していくことが大切である。

◆柔軟な『問題解決学習』で，本気の学びを引き出そう！

「資質・能力」の育成をめざす，これからの社会科の授業づくりにおいては，問題解決的な学習や学習問題のとらえ方が，これまで以上に大事な意味をもつと，私は考えている。

それはなぜかといえば，社会生活の理解を柱に展開されてきたこれまでの問題解決的な学習をそのまま踏襲したのでは，新学習指導要領がめざす「資質・能力」の育成は難しいからである。

これまで，多くの実践では，学習内容のまとまりを単元ととらえ，それを一つの学習問題で追究していた。いわゆる「1単元1学習問題」という問題解決のサイクルである。また，その学習問題に欠かすことのできない重要な要素が「どのように」「どのような」「なぜ」などの「疑問符」である。

社会生活の理解を柱に展開されてきたこれまでの問題解決的な学習では，例えば，「たくさんの種類や量のごみは，どのように始末されるのだろう。なぜ，種類ごとに分けて出すのかな。」のように，現状の様子や仕組み，人々の働きとその意味を追究する「疑問符」が主となっていた。

一方，「資質・能力」の育成をめざすこれからの問題解決的な学習では，これまでの社会生活の現状をとらえ，その意味を理解することに加え，その学びを実社会，実生活に生かすもう一つの問題解決が求められている。「社会に見られる課題を把握して，その解決に向けて社会への関わり方を選択・判断する力」を育成したり「よりよい社会を考え学習したことを社会生活に生かそうとする態度」を養ったりするためである。

そのことを踏まえ，これからの授業づくりにおいては，「1単元1学習問題」という問題解決のサイクルにとらわれることなく，例えば一つの単元で二つの学習問題を設定するなど，“柔軟な問題解決学習”を工夫することが大切である。

その際，子どもたちの“素朴な問い”や“実生活に結び付く切実な問い”など，子どもが自分ごととして本気で追究したくなるような，“本気の学び”を大事にしていく必要がある。今求められている「主体的な学び」を保証するためである。

◆3次構造で柔軟な問題解決学習にチャレンジする『小学社会』

なお，日文『小学社会』では，以上の考えに基づいて，それぞれの単元を大きく三つのまとまり（3次）でとらえ，柔軟な問題解決学習を展開できるように工夫している。

以下は，その一例である。

〈第1次〉

子どもたちの素朴な問いや切実な問いを「わたしの問題」と名付け，それを追究する過程で単元のねらいへと導く事実認識を丹念に積み上げていく。

〈第2次〉

その丹念な事実認識の積み重ねの過程で生み出される新たな問い，例えば，「本当にそうか」，「なぜ，そこまでやるのか」，「いったい，どうなっているのか」など社会的事象の本質に向かう問いを焦点化して「みんなの問題＝学習問題」をつかむように導く。

その追究を通して，社会的事象の相互関連，社会の仕組みや協力関係，人々の社会的行為の意味などを追究していく。

〈第3次〉

第2次の学習問題の追究・解決を通して生み出される更なる問い，例えば，「そこまで頑張っているのか！でも，それだけで大丈夫だとはいえない。残された問題があるからだ。それでは，どうすればもっとよりよくできるのか。何かほかにも新たな解決策があるのではないか」など，社会に見られる課題を把握し，その解決策を創造的に考える学習へと深めていく「みんなの問題＝さらに考えたい問題」をつかむように導く。

その追究を通して，様々な解決策を考え，「実現可能であるか」「課題の解決には，どの解決策が一番ふさわしいといえるのか」など吟味・検討を加え，最終的に子どもが自分の考えで，選択・判断していく。

これらはあくまで一例であるが，その真のねらいは，既存の問題解決的な学習のパターンにとらわれ過ぎることなく，３次構造で柔軟な問題解決学習を展開できるようにすることである。

社会的事象の見方･考え方

キーワード 3

これからの社会科授業づくりの決め手

1 社会的事象の見方・考え方とは？

◆「社会的事象の見方･考え方」とは？

すでに触れたが，この度の改訂では，「社会的事象の見方･考え方」を働かせて，学習問題を追究・解決することが強く求められている。

この「社会的事象の見方・考え方」とは，どんなことを意味するのか。

「社会科，地理歴史科，公民科の改善の基本方針」に示された解説の要点を整理して，この基本的な問いに答えていきたい。

◇「社会的な見方・考え方」（小学校では「社会的事象の見方・考え方」）
　→課題（小学校では「問題」）を追究・解決する活動において
　　・社会的事象等の意味や意義，特色や相互の関連を考察する。
　　・社会に見られる課題を把握して，その解決に向けて構想する。
　　そのときに働かせる「視点や方法」

☆小学校では，以下の視点（①，②，③）や方法（ア，イ）を駆使して，社会的事象の意味などを追究する。

①分布，地域，範囲など『位置や空間的な広がり』
　＊「問い」の例　→　「どのような場所にあるのか」
　　　　　　　　　　　「どのように広がっているのか」
②起源（起こり），変化（成り立ち），継承など『時期や時間の経過』
　＊「問い」の例　→　「なぜ始まったのか」
　　　　　　　　　　　「どのように変わってきたのか」
③工夫，関わり，協力など『事象や人々の相互関係』
　＊「問い」の例　→　「どのようなつながりがあるのか」
　　　　　　　　　　　「なぜこのような協力が必要か」

①，②，③などに着目する「問い」を設けて調べ，様子や現状をとらえ

　ア　比較・分類したり総合したりする
　イ　地域の人々や国民の生活と関連付ける

ア，イなどの方法で，考えたり選択・判断したりする。

このように「社会的事象の見方・考え方」とは，学習問題を追究･解決したり，社会に見られる課題を把握し，その解決に向けて社会への関わり方を選択・判断したりする際の視点や方法のことである。

◆なぜ，今，社会的事象の見方・考え方が注目されているのか？

この度の改訂では，資質・能力の育成をどのような学習によって実現するのかが重要なポイントとなっている。

中教審答申では，その方策として「主体的・対話的で深い学び」の実現に向けた授業改善を求めている。「主体的な学び」，「対話的な学び」，「深い学び」の視点で，問題解決的な学習など各教科固有の学習活動の質的な向上を図るのである。

その際，「深い学び」を実現する鍵となるのが，各教科等の「見方・考え方」を働かせることである。この「見方・考え方」が，「どのような視点で物事をとらえ，どのような考え方で思考していくのか」というその教科等ならではの物事をとらえ，その本質的な学びへと導く視点や方法だからである。

◆「社会的事象の見方・考え方を働かせる」とは？

それでは，社会的事象の見方・考え方を働かせるとは，具体的にどのような学習活動なのか。

それは，「①位置や空間的な広がり，②時期や時間の経過，③事象や人々の相互関係などに着目して調べ，事実（情報）をとらえる」ことや，それらを「比較・分類したり総合したり，地域の人々や国民の生活と関連付けたりする」ものである。

以下，その具体例を挙げる。

○「①位置や空間的な広がり，②時期や時間の経過，③事象や人々の相互関係などに着目して調べ，事実（情報）をとらえる」とは･･･

①「位置や空間的な広がりに着目する」

＊例えば，「どのような場所にあるのか」「どこに，どのように広がっているのか」など，分布，地域，範囲などに着目する問いを引き出す。

②「時期や時間の経過に着目する」

＊例えば，「いつから，なぜ始まったのか」「どう変わってきたのか」「どのように受け継がれてきたのか」など，起こりや成り立ち，変化，継承などに着目する問いを引き出す。

③「事象や人々の相互関係などに着目する」

＊例えば，「どのようなつながりがあるのか」「なぜこのような協力が必要か」など，工夫，関わり，協力などに着目する問いを引き出す。

→ ①②③により，「視点を明確にして，社会的事象を調べるように導く」ことである。

○「比較・分類したり総合したり，地域の人々や国民の生活と関連付けたりする」とは･･･

①②③のいずれか，またはそのすべてを通して，学習問題の追究・解決に必要な事実（情報）をとらえ，「どのような違いや共通点があるか」などと比較・分類したり，「まとめるとどのようなことが言えるのか」などと総合したり，「どのような役割を果たしているか」などと地域の人々や国民の生活と関連付けたりする方法で考えたり選択・判断したりすることである。

2　社会的事象の見方・考え方に基づく内容の示し方とは？

「社会的事象の見方・考え方」は社会科の授業改善の鍵を握るものである。そのことは，既に述べた通りである。

では，この「社会的事象の見方・考え方」が，新学習指導要領のどこに，どのように位置付けられているのか。

それは，各学年の内容における「思考力，判断力，表現力等」において，具体的に示されている。

以下，第４学年の内容(3)「自然災害から人々を守る活動」を具体例として解説を加えていきたい。

> (3)　自然災害から人々を守る活動について，学習の問題を追究・解決する活動を通して，次の事項を身に付けることができるよう指導する。
> ア　次のような知識及び技能を身に付けること。
> (ア)　地域の関係機関や人々は，自然災害に対し，様々な協力をして対処してきたことや，今後想定される災害に対し，様々な備えをしていることを理解すること。
> (イ)　聞き取り調査をしたり地図や年表などの資料で調べたりして，まとめること。
> イ　次のような思考力，判断力，表現力等を身に付けること。
> (ア)　過去に発生した地域の自然災害，関係機関の協力などに着目して，災害から人々を守る活動を捉え，その働きを考え，表現すること。

上記の下線部に着目すると，ここには，自然災害から人々を守る活動をとらえる際，それを調べる二つの視点，すなわち「過去に発生した地域の自然災害」と「関係機関の協力」が示されている。

前者が，「位置や空間的な広がり」と「時期や時間の経過」に着目した視点である。

これを受け，実際の授業では，例えば，「県内では，これまで，どのような自然災害が，いつごろ，どのあたりで発生し，どんな被害をもたらしたか」といった問いを引き出し，その事実を資料で調べ，自然災害の被害の様子をとらえていく。

また，後者が，「事象や人々の相互関係」に着目した視点である。

これを受け，実際の授業では，例えば，「関係機関や地域の人々は，どんなことをして被害を減らそうとしたのか」といった問いを引き出し，その事実を資料で調べ，関係機関と地域の人々の取り組みや協力関係をとらえていく。

そして，とらえた事実，例えば，自然災害が発生した際の被害状況と災害から人々を守る活動を関連付けて，県庁や市役所などの関係機関と地域の自主防災組織のそれぞれの働きや協力関係などを考え，文章，年表や関係図などにまとめ，それをもとに話し合っていくなどの学習活動が考えられる。

このように，「社会的事象の見方・考え方」は，学習指導要領の各内容に具体的に示されている。

授業づくりの実際においては，この記述を手掛かりにして，そこに示された視点に関わる問いを引き出す。その問いに基づいて調べる活動に必要な教材や資料を準備する。さらに，とらえた事実をもとに考えたり選択・判断したりする学習活動を工夫していくのである。

こうした学習は，これまでも行われており，決して目新しいものではない。けれども，その視点が学習指導要領の内容ごとに具体的に示されたところに，この度の改訂の大きな特色がある。

主体的・対話的で深い学び

キーワード 4

自ら問いを見出し，対話的・協働的に探究し合う

1 なぜ，今，「主体的・対話的で深い学び」なのか？

新学習指導要領では，各学校が指導計画を作成する際に，主体的・対話的で深い学びの実現をめざして，問題解決的な学習の充実を図ることを求めている。

それは，なぜか。

問題解決的な学習を通して，主体的・対話的で深い学びの実現を図ることが，新学習指導要領が求める社会科の資質・能力を実現する上で必要不可欠だからである。

だが，社会科本来の学びは，主体的であり対話的であるはずである。それはなぜか。社会科が，“social studies”の日本語訳であり，“学習の主体である子どもが自ら問いを見出し，ともに学び合う仲間と対話するなど社会的な関係を通して探究し合う”教科だからである。

そのことは，これまで繰り返し述べてきた。

この社会科本来の学び，すなわち子どもたちによる協働の問題解決を大切にすることこそが，「主体的・対話的な学び」には必要不可欠なのである。

その一方で，社会科は本来の学びとは異なる教師主導の授業となっているという現実的な問題を抱えている。

まずは，教師一人ひとりがこの実態を真摯に受け止め，社会科本来の学びである問題解決学習に前向きに取り組む。その初めの一歩を大切にしたい。

2 主体的・対話的な学びへと導く着眼点

◆「わたしの問題」をノートにメモする

突然だが，自分が受けもっている子どもたちのノートを思い浮かべてほしい。そこに，個々の子どもが抱いた疑問（素朴な問い）がどのくらい書いてあるだろうか。

実は，社会科の授業を参観する際，私はときどき子どもたちのノートを見せてもらう。素朴な問いがノートにメモしてあるか否かを確認するためである。

しかし，その多くが，単元を貫く学習問題やみんなで追究する本時の問題は書かれているが，個々の子どもが抱いた疑問はほとんど見当たらないのである。

ところで，私が，なぜノートに個々の子どもの疑問が書いてあるかどうかにこだわるのかわかるだろうか。

それは，日々の授業で社会科本来の問題解決的な学習が大事にされているのかどうかを見抜くためである。

社会科本来の問題解決的な学習を大事にしているのならば，子どもが自らの問題意識に即して自発的に学習問題をとらえることを大切にしているはずである。

その具体的な方策として日常化しやすいのは，個人レベルの驚きや素朴な問い，疑問などをノートにメモすることである。それを通して個々の子どもに「わたしの問題」をもったという意識化を図

るのである。
その上で，それぞれの子どもが問いや疑問を出し合い，「それは，こういうことかな」「いや，こうじゃないかな」などと，経験的な考えや推理したことなどを出し合い，個人レベルの問いや疑問をわたしたちの問い，そしてみんなの問いへと方向付け，焦点化していく。つまり，学習の問題として意識化・共有化していくのである。
この学習問題の意識化・共有化の過程こそが，“主体的な学びの原動力”となるのである。

◆調べる視点やことがら，手順や方法，表現方法やまとめ方などを話し合う

学習問題の意識化・共有化で問題追究のエンジンがかかったら，次に行いたいのは，カーナビをセットするなど，行き先を決めることである。
つまり，学習問題の追究・解決の見通しをもつように子どもたちを導くのである。そのために行うのが，調べる視点やことがら，手順や方法，表現方法やまとめ方などを話し合うことである。
なお，社会科の学びの経験が浅い３年生と学習問題の追究・解決の経験を積み重ねている６年生とでは，それぞれ異なる指導が求められる。
３年生など学習経験が浅い段階では教科書などの記述を参考にさせるなど教師の手厚い指導が求められる。学年が上がれば上がるほど過去の学習経験を想起させるといった支援程度に留め，子どもたちの考えを尊重していきたい。
このように，発達の段階に応じた指導・支援により，自力で問題解決に当たれる力を徐々に高めていくことが大切である。

◆事実に基づく「わたしの考え」をもつ

「教科書 56 ページの資料③を見てください。」（「はい。」）
「その分布図を見ると，□□に△△が集まっていますね。そのことから，私は～だと考えるのですが，みなさんどう思いますか」（「うん，うん。なるほど。」）
こんな発言ができる子どもたちを育てたいものである。資料で読み取った事実に基づいて，自分の考え（解釈・意味付け）を述べているからである。
もし，同じ事実に対して違った解釈や意味付けをする子どもや同じ資料から違った事実に目を向ける子どもがいれば，そこで対話が生まれる。
このように，事実に基づく「わたしの考え」をつくり，その考えを的確に伝えられる子ども，聞き分けることができる子どもを育てることが，社会科の主体的・対話的な学びへと子どもたちを導く必要条件である。
その初めの一歩が，資料への書き込み学習である。教科書の資料を印刷して配付し，見つけた事実とその事実からいえること（考え）を色分けしてメモしていくのである。
それができるようになった段階で，教科書のページと資料番号，その資料で読み取った事実と考えをノートにメモするといったレベルアップを図っていくことが考えられる。
また，板書にもひと手間をかけたい。
素朴な問いや疑問などを引き出すための資料や，追究段階で多角的な考えを導き出す中心資料などは，拡大して黒板に掲示する。そして，着目した事実とその事実に対する疑問や解釈・意味付けなど，

子どもの考えを色分けして板書するのである。

板書に用いた拡大資料は単元の学習の流れに沿って教室内に掲示し，既習の資料としていつでも活用できるようにしておくと更に効果的である。掲示資料を指示して発言する学び方を指導しておけば，既習の資料と関連付けて考えたり発言したりすることができるようになるからである。

なお，拡大した資料を準備できないときに備えて，資料番号のカードを準備しておき，板書にそれを代用するというのも一つのアイデアである。

いずれにしても，社会科の主体的・対話的な学びには，事実に基づき，「わたしの考え」をつくり，伝え，聞き合う学習を日常化することが大切である。

◆原則は「自分発→みんな経由→自分行き」の学び

子どもの意見が教室中を飛び交い，教師はその聞き役や交通整理に回る。これが，主体的・対話的な学びで求める社会科授業の理想の姿である。

そうした授業が展開されている学級には，授業の進め方にいくつかの共通点が見られる。

その一つが，「自分発→みんな経由→自分行き」の学びを授業づくりの原則としていることである。

「自分発」とは，まず，個々の子どもに自分の考えをもつ学習場面を保証することである。すでに述べたが，事実に基づく「わたしの考え」をもつ学習場面を大切にするのである。

「みんな経由」とは，ペアやグループ，学級全体での話し合いなどを織り交ぜて，“事実に基づく「わたしの考え」の交流”を指すのだが，その場面での教師の出方に，次のような配慮が適切になされている。

すなわち，調べた事実を交流し合う場面では，クラス全員の子どもが事実を正確に読み取り知識（情報）を共有できるよう，きめ細かく丹念に指導に当たる。その一方で，考えを交流し合う場面では，個々の子どもの言葉一つひとつに耳を傾け，子どもの発言の微妙なニュアンスの違いを大事にしていく。言い換えると，教師の解釈を加えながら教師の都合のよい方向に話し合いを誘導したり発言をまとめたりすることは，絶対に行わない。

「自分行き」とは，授業の終末段階で，本時のまとめを必ずノートに自分の言葉で書く場面を設けることである。

このことは，調べた事実やそれに基づく考えを板書で整理して示したり，それをみんなで振り返ったりすることを否定するものではない。そうしたみんなとの学びを大切にした上で，最後に，その学びを主体的に受け止め，自分の言葉で自分の考えをまとめる場面を保証していくのである。

◆社会科らしい「対話的な学び」も大切にして！

新学習指導要領では，指導計画作成上の配慮事項において，対話的な学びの実現に向け，子ども同士の話し合いに加えて，実社会で働く人々から話を聞く活動についても一層の充実が求められると解説している。

社会科では，これまでも，例えば，見学・調査を伴う学習，ゲスト・ティーチャーを招いて行う学習など，実社会で働く人々から直接話を聞く活動が重視されてきた。ここでは，その更なる充実を求めている。

その指導のアイデアが，話を聞く活動

を“対話的に展開していく”ことである。

新学習指導要領によるこれからの授業では，これまでも行われていた，店や農家で働く人，ごみ処理施設や消防署で働く人などに加え，市役所や県庁の防災課で働く人など，実社会で働く人と直接関わって学ぶ機会を積極的に取り入れた指導を展開していく必要がある。ビデオレターなどによる間接的な関わりでも，工夫次第である程度の指導の効果は期待できる。

その際，実社会で働く人から一方的に話を聞くといった，子どもの学習が受け身とならないように留意する必要がある。

特に気をつけたいのは，単元の終末にゲスト・ティーチャーの話を聞いてまとめるといったタイプの学習である。子どもが，ゲスト・ティーチャーの話を鵜呑みにしてしまう恐れがあるからである。たとえ相手が役所で働く人であったとしても，その人個人は社会の中で生きる一人であり，その人が話したことがすべて他の人にも当てはまるとは限らないのである。

そこでお薦めするのが，単元の途中の追究段階で，話を聞く活動を対話的に展開していく学習の進め方である。子どもが質問事項を事前に考えておき，その質問に応答していただくといった学習がその一例である。このほか，実社会で働く人を教室に招き，その人の仕事についての子どもたちの話し合いを聞いていただいた後に，そこで出された子どもたちの考えに対してコメントしていただくといった方法も効果的である。

3 「深い学び」の実現をめざして

新学習指導要領では，指導計画作成上の配慮事項において，主体的・対話的な学びを「深い学び」につなげるよう指導計画の工夫・改善を求めている。

その方策として，これから特に力を入れていきたいことは，社会的事象の見方・考え方を働かせ，社会的事象の特色や意味など社会の中で使うことのできる応用性や汎用性のある概念などに関する知識を獲得できるよう，問題解決的な学習を展開することであると指摘している。

このことは，『社会的事象の見方・考え方』～これからの社会科授業づくりの決め手～（P31 ～ 34）においてすでに詳しく述べているので，そちらを参照していただきたい。

これに加えて，自らの学びを振り返り，学んだことの意味を問い直したり新たな問いを見出したりして，学習したことを実社会・実生活に活用できるようにすることも大切である。

具体的には，社会に見られる課題を把握して，その解決に向けて社会への関わり方を選択・判断する活動を工夫することである。このことについては，この後，詳しく述べていく。

社会の形成者（主権者）に求められる資質・能力の育成をめざして

新学習指導要領では，社会科がめざす資質・能力の中核である「思考力・判断力・表現力等」の要素の一つとして，これまでも大事にしてきた『考察する力』に加え，社会に見られる課題を把握して，その解決に向けて『構想する力』を育成することを新たに求めている。

この二つの力が，よりよい社会の形成に参画する資質・能力の両輪であり，社会の形成者（主権者）に求められる資質・能力だからである。

ところで，これまでの社会科では，「社会に見られる課題を把握して，その解決に向けて社会への関わり方を選択・判断する力」についてどのように受け止められてきたのだろうか。

それを考える手掛かりとなるのが，国立教育政策研究所が実施した「特定の課題に関する調査（社会）」である。この調査の目的は，問題解決的な学習の実現状況を把握することである。同報告書（2008 年）には，その調査問題作成の基本的な考え方として，以下の説明が加えられている。

> 子どもの能力を把握するペーパーテスト及び社会科学習の実態を把握する質問紙調査の二つの調査を実施した。
>
> 小学校の社会科の授業においては，社会的事象について，あらかじめ，学級全体で追究していく共通のテーマやめあて（「学習問題」）を設け，問題解決的な学習が展開されることが多い。こうしたことから，ペーパーテストについては，連続的な学習のプロセスの中で，社会科の問題解決的な学習を通して子どもに身に付けさせたい力を，次の三つの総合力ととらえ，これらの力がどの程度身に付いているのかを把握する問題（ペーパーテスト）の開発に努めた。
>
> **○学習問題を見出す力**
> ＊主として問題を発見したり把握したりする力（問題の発見・把握）
>
> **○学習問題を追究・解決する力**
> ＊主として社会的事象相互の関係や意味を思考したり，問題の解決策を考え，よりよい方法を選択・判断したりする力（関係・意味の思考，解決策の選択・判断）
>
> **○実社会・実生活に参加・参画する力**
> ＊実社会・実生活の問題に目を向け，具体的な解決策を考え提案したり説得したりする力（解決策の提案・説得）

この報告書によれば，これまでの社会科学習においても，「問題を発見したり把握したりする力」や「社会的事象相互の関係や意味を思考する力」だけでなく，

「問題の解決策を考え，よりよい方法を選択・判断したりする力」や「実社会・実生活の問題に目を向け，具体的な解決策を考え提案したり説得したりする力」をも含めて，問題解決的な学習を通して子どもに身に付けさせたい能力としている。

このように考えると，この度の改訂では，これまで行われていた授業実践の実態や成果を踏まえ，「社会に見られる課題を把握して，その解決に向けて社会への関わり方を選択・判断する力」の育成をめざすことを，教科や学年の目標の中に明確に位置付けたものといえる。

2 「内容の取扱い」を熟読して！

この「選択・判断」に関わる学習については，現場の数多くの実践者から次のような課題が指摘されている。

「社会に見られる課題を把握して，その解決に向けて社会への関わり方を選択・判断する力」を育てる学習は，よりよい社会を形成し，参画する力の育成を図る上で大きな意味をもつ。その一方で，社会科の限りある時間数の中で，そうした学習の時間をどのように捻出したらよいのかが難しい。

この実践課題を受け，新学習指導要領では，内容の取扱いや目標の解説において，どの学年のどの内容において，どのような学習を行い，どんな力を育てるのかを明示している。

つまり，「社会に見られる課題を把握して，その解決に向けて社会への関わり方を選択・判断する力」を育てる学習については，全学年のすべての内容で行うのではなく，学年の目標と関連付けて，指導の効果が期待できる内容（単元）で行うこととしているのである。

以下，その内容の取り扱いを洗い出し，整理して示す。

〈第３学年〉

○内容⑶「地域の安全を守る働き」

＊地域や自分自身の安全を守るために自分たちにできることなどを考えたり選択・判断したりできるよう配慮する

○内容⑷「市の様子の移り変わり」

＊「人口」を取り上げる際には，少子高齢化，国際化などに触れ，これからの市の発展について考えることができるよう配慮する

〈第４学年〉

○内容⑵「人々の健康や生活環境を支える事業」

＊節水や節電など自分たちにできることを考えたり選択・判断したりできるよう配慮する

＊ごみの減量や水を汚さない工夫など，自分たちにできることを考えたり選択・判断したりできるよう配慮する

○内容(3)「自然災害から人々を守る活動」

＊地域で起こり得る災害を想定し，日頃から必要な備えをするなど，自分たちにできることなどを考えたり選択・判断したりできるよう配慮する

○内容(4)「県内の伝統や文化」

＊地域の伝統や文化の保存や継承に関わって，自分たちにできることなどを考えたり選択・判断したりできるよう配慮する

〈第５学年〉

○内容(2)「我が国の農業や水産業における食料生産」

＊消費者や生産者の立場などから多角的に考えて，これからの農業などの発展について，自分の考えをまとめることができるよう配慮する

○内容(3)「我が国の工業生産」

＊消費者や生産者の立場などから多角的に考えて，これからの工業の発展について，自分の考えをまとめることができるよう配慮する

○内容(4)「我が国の産業と情報との関わり」

＊産業と国民の立場から多角的に考えて，情報化の進展に伴う産業の発展や国民生活の向上について，自分の考えをまとめることができるよう配慮する

○内容(5)「我が国の国土の自然環境と国民生活との関連」

＊国土の環境保全について，自分たちにできることなどを考えたり選択・判断したりできるよう配慮する

〈第６学年〉

○内容(1)「我が国の政治の働き」

＊国民としての政治への関わり方について多角的に考えて，自分の考えをまとめることができるよう配慮する

○内容(3)「グローバル化する世界と日本の役割」

＊世界の人々と共に生きていくために大切なことや，今後，我が国が国際社会において果たすべき役割などを多角的に考えたり選択・判断したりできるよう配慮する

第3章

新・旧の対比で見えてくる
“社会科授業づくりの新しい方向性”

新しい内容構成

第３・４学年の内容構成

第３・４学年の内容構成について，新旧の学習指導要領を対比してみると，次に示す通り，大幅な改善が加えられている。

これまでは第３・４学年の内容が一つにまとめて示されていた。各学校が地域の実情に応じて自校のカリキュラムを柔軟に編成できるようにとの配慮によるものである。

これに対して新学習指導要領では第３・４学年の内容を二つに分けて示し，第３学年で市を中心とする地域社会の内容を，第４学年で県を中心とする地域社会の内容を，それぞれ取り上げるように改善が加えられている。

そのねらいは，学年進行に応じて，“段階的に資質・能力を育成する”ことであると考えられる。

	新（平成29年版）		旧（平成20年版）
第３学年	(1)　身近な地域や市の様子 (2)　地域の生産や販売の仕事 (3)　地域の安全を守る働き (4)　**市の様子の移り変わり**	第３・４学年	(1)　身近な地域や市の様子 (2)　地域の生産や販売の仕事 (3)　健康や生活環境を支える事業 (4)　地域の安全を守る働き (5)　地域の古い道具，文化財や年中行事，先人の働き (6)　県の様子，県内の特色ある地域の様子
第４学年	(1)　県の様子 (2)　健康や生活環境を支える事業 (3)　**自然災害から人々を守る活動** (4)　県内の伝統や文化，先人の働き (5)　県内の特色ある地域の様子		

（注：旧の内容については，新学習指導要領の表記に揃えている。以下同じ）

上記の改善による内容構成から見た，これからの授業づくりの課題は大きく二つある。

その一つは，第３学年で自分たちの市を中心とした地域の社会生活を，第４学年で自分たちの県を中心とした地域の社会生活を，それぞれ総合的に理解できるように留意することである。

特に注意が必要なのは第４学年の事例選びである。これまでと同様に子どもにとって魅力的であるか，見学などの体験的な活動が可能かなどの観点に加えて，“自分の県に対する理解を深める上で適切であるか”ということにも留意し，広く県全体を見渡して最適な事例を選定する必要がある。

いま一つは，第３学年の各内容に，それぞれどれだけの時間をかけて指導するかという指導時数の配分に関わる課題である。

これまで多くの学校や教科書では，第３学年に三つの内容を充てていた。その多くは，「(1)身近な地域や市の様子と(2)地域の生産や販売の仕事，(4)地域の安全を守る働き」，または「(1)身近な地域や市の様子と(2)地域の生産や販売の仕事，(5)地域の古い道具，文化財や年中行事」のいずれかのパターンである。これに対して，新学習指導要領ではこれまでと変わらない70時間の中で四つの内容を指導することになっている。つまり，総時数は同じなのに指導する内容が一つ増えているのである。

それを可能にする配慮が，内容の(1)身近な地域や市の様子と(3)地域の安全を守る働きに関する内容の取扱いにおいて，次のように示されている。

○内容(1)については，「自分たちの市」に重点を置くよう配慮する

○内容(3)については，火災と事故（消防と警察）の両方で「緊急時への対処」と「未然の防止」を取り上げるが，どちらか一方に重点を置くなど効果的な指導を工夫する

つまり，内容(1)と(3)については，上記のような配慮や工夫により，時数を縮減して指導することが求められているのである。

また，各内容について従前と比べてみると，大幅な改善が加えられているのは第３学年の内容(4)**「市の様子の移り変わり」**と第４学年の内容(3)**「自然災害から人々を守る活動」**である。新たな教材や単元の開発が急務となる。

ここで挙げた授業づくりの課題と解決策については，後ほど詳しく述べていく。

2 第５学年の内容構成

第５学年の内容構成について，新旧の学習指導要領を対比してみると，次に示すとおり，我が国の国土に関する内容が二つに分けて示されている。

これについては，従前から教科書の単元構成や現場の授業で行われてきたことであり，全国の実践を踏まえての改善であるといえる。

	新（平成29年版）	旧（平成20年版）
第5学年	(1)　我が国の国土の様子と国民生活 (2)　我が国の農業や水産業における食料生産 (3)　我が国の工業生産 (4)　**我が国の産業と情報の関わり** (5)　我が国の国土の自然環境と国民生活の関わり	(1)　我が国の国土の様子と国民生活 (2)　我が国の農業や水産業における食料生産 (3)　我が国の工業生産 (4)　我が国の情報産業や情報化した社会の様子

このように，第５学年については，内容構成から見た授業づくりの課題は特に見られない。

また，各内容について従前と比べてみ

ると，大幅な改善が加えられているのは内容(4)「**我が国の産業と情報の関わり**」である。新たな教材や単元の開発を急がなくてはならない。これについては，後ほど詳しく述べていく。

3 第6学年の内容構成

第6学年の内容構成について，新旧の学習指導要領を対比してみると，次に示す通り，政治の働きと我が国の歴史に関する内容の順序が逆転している。

これは，まず今の世の中（政治）を見て，次にその成り立ち（歴史的背景）を探り，その上で今後の我が国の進むべき方向性（国際社会における日本の役割）を考えるという，いわば未来志向型の内容構成への転換である。

よりよい社会の形成に参画する資質や能力の基礎を育てることを重視した改善であるといえる。

	新（平成29年版）	旧（平成20年版）
第6学年	(1)　我が国の政治の働き (2)　我が国の歴史上の主な事象 (3)　グローバル化する世界と日本の役割	(1)　我が国の歴史上の主な事象 (2)　我が国の政治の働き (3)　グローバル化する世界と日本の役割

上記の改善による内容構成から見た，これからの授業づくりの課題は，内容(1)我が国の政治の働きの単元の導入の仕方である。

これまでは，我が国の歴史に関する学習を受け，「現在の社会（世の中）はどのようなしくみや人々の働きの上に成り立っているのか」という問いを，無理なく引き出すことができた。

これに対して，新学習指導要領では，第5学年までの既習経験や日常の社会生活に見られる政治と関わりの深いできごとや話題などを取り上げて，我が国の政治の働きに着目させていくなど単元の新たな導入の仕方を工夫していくことが求められる。

なお，各内容について従前と比べてみると，大幅な改善が加えられているものは見られない。

各学年の内容にかかわる改善点と新しい授業づくりの着眼点

1 各学年の内容改善のポイントと実践課題のとらえ方

新学習指導要領に基づく社会科の授業づくりを行う際，まず必要なことは，学習指導要領の各内容の新・旧を詳細に見比べ，どの程度の授業改善が必要であるのかを見極めることである。

すでに述べたが，この度の改訂では，各内容の記述が「資質・能力の育成」を前面に押し出す形で大幅に改められている。

しかし，新・旧を細かく見比べてみると，必ずしもすべての内容が変わっているわけではない。これまでと変える必要がない内容のほうがむしろ多いのである。

そのことを踏まえ，私は新学習指導要領の各内容をこれまでと対比して，以下の通り大きく三つに分類してとらえることを推奨している。

■フル・モデルチェンジ
＊新単元・新教材の開発が必要となる大幅な改訂

■マイナー・チェンジ
＊これまでの指導計画や教材を生かして，その一部の見直しや改善が求められる部分的な改訂

■ノー・チェンジ
＊わずかな改善事項は見られるが，指導計画や教材を改める必要のないもの

新学習指導要領の各学年のそれぞれの内容をこの三つの分類にあてはめて新・旧を対比してみると，これからの授業づくりの実践課題が鮮明に浮かび上がってくる。

喫緊の課題はフル・モデルチェンジの内容である。新教材の開発とそれに基づく新たな単元を構想することが求められるからである。それと同時に，マイナー・チェンジの内容についても実践課題を洗い出しておく必要がある。

それらの課題解決に向けて，現場の先生方の叡智を集め新しい授業づくりに邁進することこそが，今そしてこれからの社会科授業づくりにおいて強く求められるのである。

このような考えに基づき，以下，各学年の内容における実践課題と新しい授業づくりの足掛かりとなる着眼点を具体的に述べていく。

中学年「地域学習」の新・旧の対比と実践課題

第３学年　内容（１）身近な地域や市区町村の様子

◆ 新・旧の対比 ◆

※下線部は，主な改善事項

新（平成29年版）	旧（平成20年版）
(1) 身近な地域や市区町村の様子について，学習の問題を追究・解決する活動を通して，次の事項を身に付けることができるよう指導する。(以下，波線の部分を省略する。) ア　次のような知識及び技能を身に付けること。(以下，「知識・技能」と略して示す。) (ア) 身近な地域や自分たちの市の様子を大まかに理解すること。 (イ) 観察・調査したり地図などの資料で調べたりして，白地図などにまとめること。 イ　次のような思考力，判断力，表現力等を身に付けること。(以下，「思考力・判断力・表現力等」と略して示す。)	(1) 自分たちの住んでいる身近な地域や市（区，町，村）について，次のことを観察，調査したり白地図にまとめたりして調べ，地域の様子は場所によって違いがあることを考えるようにする。
(ア) ①**都道府県内における市の位置**，市の地形や土地利用，交通の広がり，②**市役所など**主な公共施設の場所と働き，古くから残る建造物の分布などに着目して，身近な地域や市の様子を捉え，場所による違いを考え，表現すること。	ア　身近な地域や市（区，町，村）の特色ある地形，土地利用の様子，主な公共施設などの場所と働き，交通の様子，古くから残る建造物など
◇内容の取扱い ア　③**学年の導入で扱うこと**とし，アの(ア)については，④**「自分たちの市」に重点を置く**よう配慮すること。	◇内容の取扱い
イ　アの(イ)については，「白地図などにまとめる」際に，⑤**教科用図書「地図」を参照し**，方位や主な地図記号について扱うこと。	・内容の(1)については，方位や主な地図記号について扱うものとする。

〈主な改善事項と実践課題〉

『身近な地域や市の様子』の主な改善事項は**下線部**①〜⑤の５か所である。

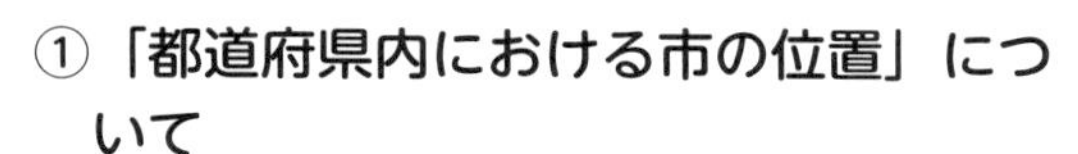

①「都道府県内における市の位置」について

この内容は，これまで「県の様子」に関する学習の中で指導していたものである。

具体的には，例えば，「自分たちの市は県の中央部にある」「自分たちの市は北が〜市，東が〜市，南が〜市，西が〜市と隣り合っている」など，県全体から見た自分たちの市の位置や隣接する市との位置関係に着目して自分たちの市の位置を調べ，自分の市の位置をとらえることである。

この学習を「身近な地域や市の様子」の単元指導計画のどこに，どのように盛り込むか。それが，これからの実践課題である。

②「市役所など」について

主な公共施設の場所と働きを指導する際，必ず市役所を扱うことが本文に明記されただけである。これまでも市役所を扱っていた場合には，従前の授業を改める必要はない。

③「学年の導入で扱うこと」について

学年の始めに指導する旨が明記された。これまで通りである。

④「『自分たちの市』に重点を置く」について

マイナー・チェンジではあるが，これからの授業づくりにおいて，様々な工夫・改善が求められる喫緊の実践課題である。

市の地形や土地利用，交通の広がり，主な公共施設の場所と働き，古くから残る建造物の分布などに着目し，観察・調査したり地図などの資料で調べたりして白地図などにまとめる。それを通して身近な地域や市の様子をとらえ，場所による違いを考え，表現するという，これまでと変わらない学習の過程やゴールが求められている。その一方で，指導時数を削減して授業づくりに臨まなければならないという新たな課題を抱えている。

この実践課題を受けた授業づくりのポイントについては，この後の第４章『フル・モデルチェンジ，マイナー・チェンジに対応した授業づくり』（P80 〜 83）の中で詳しく述べていく。そちらを参照していただきたい。

⑤「教科用図書『地図』を参照し」について

この度の改訂で，第３学年からの配布となった「地図帳」の積極的な活用を求めている。この「地図帳」の活用については，この後の第４章『地図帳の積極的・効果的な活用』（P92 〜 96）で詳しく述べていく。そちらを参照していただきたい。

第３学年　内容（２）地域の生産や販売の仕事

◆ 新・旧の対比 ◆

※下線部は，主な改善事項

新（平成 29 年版）	旧（平成 20 年版）
(2)　地域に見られる生産や販売の仕事	(2)　地域の人々の生産や販売

ア　知識・技能 (ア)　①**生産の仕事は，地域の人々の生活と密接な関わりをもって行われていること**を理解すること。 (イ)　②**販売の仕事は，消費者の多様な願いを踏まえ売り上げを高めるよう，工夫して行われていること**を理解すること。 (ウ)　見学・調査したり地図などの資料で調べたりして，白地図などにまとめること。 イ　思考力，判断力，表現力等 (ア)　③**仕事の種類や産地の分布，仕事の工程などに着目して**，生産に携わっている人々の仕事の様子を捉え，④**地域の人々の生活との関連を考え，表現する**こと。 (イ)　⑤**消費者の願い，販売の仕方，他地域や外国との関わりなどに着目して**，販売に携わっている人々の仕事の様子を捉え，それらの仕事に見られる工夫を考え，表現すること。	について，次のことを見学したり調査したりして調べ，それらの仕事に携わっている人々の工夫を考えるようにする。 ア　地域には生産や販売に関する仕事があり，それらは自分たちの生活を支えていること。 イ　地域の人々の生産や販売に見られる仕事の特色及び国内の他地域などとのかかわり
◇内容の取扱い ア　アの(ア)及びイの(ア)については，事例として農家，工場などの中から選択して取り上げるようにすること。 イ　アの(イ)及びイの(イ)については，商店を取り上げ，⑥**「他地域や外国との関わり」を扱う際には，地図帳などを使用して都道府県や国の名称と位置などを調べる**ようにすること。 ウ　イの(イ)については，我が国や外国には国旗があることを理解し，それを尊重する態度を養うよう配慮すること。	◇内容の取扱い ア　「生産」については，農家，工場などの中から選択して取り上げること。 イ　「販売」については，商店を取り上げ，販売者の側の工夫を消費者の側の工夫と関連付けて扱うようにすること。 ウ　「国内の他地域など」については，外国とのかかわりにも気付くよう配慮すること。

〈主な改善事項と実践課題〉

『地域の生産や販売の仕事』の主な改善事項は**下線部①～⑥**の６か所である。

①「生産の仕事は，地域の人々の生活と密接な関わりをもって行われていること」及び②「販売の仕事は，消費者の多様な願いを踏まえ売り上げを高めるよう，工夫して行われていること」について

生産と販売については，これまでどちらも「仕事の特色を調べ，携わっている人々の工夫を考える」ことを求めていた。

一方，新学習指導要領では，次に示す通り，生産と販売のそれぞれの特色をとらえる具体的な着眼点を明示する記述となっている。

○生産の仕事について

③**「仕事の種類や産地の分布，仕事の工程などに着目して」**調べ，生産に携わっている人々の仕事の様子をとらえ

④**「地域の人々の生活との関連を考え，表現する」**学習を通して

①**「生産の仕事は，地域の人々の生活と密接な関わりをもって行われていること」**を理解する。

○販売の仕事について

⑤**「消費者の願い，販売の仕方，他地域や外国との関わりなどに着目して」**調べ，販売に携わっている人々の仕事の様子をとらえ，それらの仕事に見られる工夫を考え，表現する学習を通して

②**「販売の仕事は，消費者の多様な願いを踏まえ売り上げを高めるよう，工夫して行われていること」**について理解する。

両者を見比べると一目瞭然だが，どちらも仕事の進め方，すなわち生産では「仕事の工程」に，販売では「販売の仕方」に，それぞれ着目して調べることについては共通している。

一方，それ以外の着眼点，例えば，生産では「仕事の種類や産地の分布」，販売では「消費者の願い」「他地域や外国との関わり」については，仕事の特色に応じて別々に示されている。

これら生産と販売の“仕事の様子をとらえる着眼点の違い”を押さえた指導計画を作成し，授業実践に臨むことが，これからの授業づくりの課題である。

第３学年　内容（３）地域の安全を守る働き

◆ 新・旧の対比 ◆

※下線部は，主な改善事項

新（平成29年版）	旧（平成20年版）
(3)　地域の安全を守る働き ア　知識・技能 (ア)　消防署や警察署などの関係機関は，地域の安全を守るために，相互に連携して緊急時に対処する体制をとっていることや，関係機関が地域の人々と協力して火災や事故などの防止に努めていることを理解すること。 (イ)　見学・調査したり地図などの資料で	(4)　地域社会における災害及び事故の防止について，次のことを見学，調査したり資料を活用したりして調べ，人々の安全を守るための関係機関の働きとそこに従事している人々や地域の人々の工夫や努力を考えるようにする。

調べたりして，まとめること。 イ　思考力，判断力，表現力等 (ア)　施設・設備などの配置，緊急時への備えや対応などに着目して，関係機関や地域の人々の諸活動を捉え，相互の関連や従事する人々の働きを考え，表現すること。	ア　関係機関は地域の人々と協力して，災害や事故の防止に努めていること。 イ　関係の諸機関が相互に連携して，緊急に対処する体制をとっていること。
◇内容の取扱い ア　アの(ア)の「緊急時に対処する体制をとっていること」と「防止に努めていること」については，**①火災**と事故はいずれも取り上げること。その際，**②どちらかに重点を置くなど効果的な指導を工夫する**こと。 イ　イの(ア)については，社会生活を営む上で大切な法やきまりについて扱うとともに，**③地域や自分自身の安全を守るために自分たちにできることなどを考えたり選択・判断したりできるよう配慮する**こと。	◇内容の取扱い ・「災害」については，火災，風水害，地震などの中から選択して取り上げ，「事故の防止」については，交通事故などの事故防止や防犯を取り上げるものとする。 ・内容の(3)及び(4)にかかわって，地域の社会生活を営む上で大切な法やきまりについて扱うものとする。

〈主な改善事項と実践課題〉

『地域の安全を守る働き』の主な改善事項は**下線部①～③**の３か所である。

①「火災」について

これまでの「火災，風水害，地震などの中から選択して取り上げる」ことから，火災を取り上げることへと改められた。

②「どちらかに重点を置くなど効果的な指導を工夫する」について

火災と事故（消防と警察）の両方で「緊急時への対処」と「未然の防止」を取り上げるが，どちらか一方，例えば，火災（消防）では「緊急時への対処」に，事故（警察）では「未然の防止」に，それぞれ重点を置くなど効果的な指導を工夫することを求めた改善である。

その意図は，単元全体の指導にかける時数を削減することである。

この改善はマイナー・チェンジではあるものの，授業レベルでの様々な工夫・改善が求められる喫緊の実践課題である。

その解決に向けた授業づくりのポイントについては，『フル・モデルチェンジ，マイナー・チェンジに対応した授業づくり』（P80 ～ 83）で詳しく述べていく。そちらを参照していただきたい。

③「地域や自分自身の安全を守るために自分たちにできることなどを考えたり選択・判断したりできるよう配慮する」について

ここでは，学習したことを基に，地域の人々が行っている火災予防，交通安全や防犯などに関わる活動の中から，地域社会の一員として自分たちにも協力できることを考えたり，自分自身の安全を守るために日頃から心掛けるべきことを選択・判断したりする指導を意図的・効果的に行うことを求めている。

こうした指導は，すでにこれまでも数多く取り組まれており，その実践の成果を踏まえ，無理のない程度の実践が望まれるところである。

第３学年　内容（４）市の様子の移り変わり

◆ 新・旧の対比 ◆

※下線部は，主な改善事項

新（平成29年版）	旧（平成20年版）
(4)　①<u>市の様子の移り変わり</u> ア　知識・技能 (ア)　市や人々の生活の様子は，時間の経過に伴い，移り変わってきたことを理解すること。 (イ)　聞き取り調査をしたり地図などの資料で調べたりして，年表などにまとめること。 イ　思考力，判断力，表現力等 (ア)　②**<u>交通や公共施設，土地利用や人口</u>**，生活の道具などの**<u>時期による違いに着目して</u>**，**<u>市</u>**や人々の生活**<u>の様子を捉え，それらの変化を考え，表現する</u>**こと。 ◇内容の取扱い ア　アの(イ)の③**<u>「年表などにまとめる」際には，時期の区分について，昭和，平成など元号を用いた言い表し方などがあることを取り上げる</u>**こと。 イ　イの(ア)の④**<u>「公共施設」については，市が公共施設の整備を進めてきたことを取り上げること。その際，租税の役割に触れる</u>**こと。 ウ　イの(ア)の⑤**<u>「人口」を取り上げる際には，少子高齢化，国際化などに触れ，これからの市の発展について考えることができるよう配慮する</u>**こと。	(5)　地域の人々の生活について，次のことを見学，調査したり年表にまとめたりして調べ，人々の生活の変化や人々の願い，地域の人々の生活の向上に尽くした先人の働きや苦心を考えるようにする。 ア　古くから残る暮らしにかかわる道具，それらを使っていたころの暮らしの様子

〈主な改善事項と実践課題〉

『市の様子の移り変わり』の主な改善事項は**下線部①～⑤**の５か所である。

①「市の様子の移り変わり」について

これまでの「古くから残る暮らしにかかわる道具，それらを使っていたころの暮らしの様子」に関する内容が，新たに大きく改められた。

ここでは，従前の「生活の道具」に加え，**②「交通や公共施設，土地利用や人口」**などの**時期による違いに着目して**調べ，**市**や人々の生活**の様子を捉え，それらの変化を考え，表現する**学習を通して，「市や人々の生活の様子は時間の経過に伴い移り変わってきた」ことの理解を求めている。

つまり，“人々の生活の変化”から“人々の生活舞台である市の様子の移り変わりとそれに伴う人々の生活の変化”を学ぶ内容へと大きく改められたのである。この改善は，新単元・新教材の開発が必要となるフル・モデルチェンジである。

③「『年表などにまとめる』際には，時期の区分について昭和，平成など元号を用いた言い表し方などがあることを取り上げる」について

市の様子や人々の暮らしの移り変わりを時間の流れを追って年表の形にまとめる際，明治，大正，昭和，平成などの元号や江戸時代などの言い表し方があることを知らせ，それを用いて年代順に整理できるようにすることを求めている。これは，現場の実践課題を受けての改善である。

これまで，人々の暮らしの移り変わりを年表などにまとめる際，例えば，「おじいさんやおばあさんが子どものころ」「お父さんやお母さんが子どものころ」などの言い方が用いられていた。しかし，それでは明治や大正，昭和の初めなどを言い表すことが難しくなってきたのである。

④「『公共施設』については市が公共施設の整備を進めてきたことを取り上げる。その際，租税の役割に触れる」について

市の様子の変化と関連付けて市民の生活が向上・発展してきたことに気付かせる際，学校，図書館，公民館，公園などの公共施設が次第に整ってきたこと，市役所がその建設や運営に当たっていること，租税が重要な役割を果たしていることを補説するなど触れる程度の指導を求めている。

⑤「『人口』を取り上げる際には，少子高齢化，国際化などに触れ，これからの市の発展について考えることができるよう配慮する」について

表や棒グラフなどで市の人口の増減の傾向を大まかにとらえ，市の実情に応じて少子化や高齢化，外国人居住者の増加による国際化などに触れる。

さらに，市役所作成の資料などを手掛かりに，市が将来どのように発展して欲しいのか，そのために自分たちは市民としてどのように行動していけばよいのかなど，市の将来について考えたり討論したりすることを求めている。

なお，これらの改善事項を踏まえた新単元・新教材の開発，授業づくりのポイントについては，『フル・モデルチェンジ，マイナー・チェンジに対応した授業づく

り』（P80～83）で詳しく述べていく。　そちらを参照していただきたい。

第4学年　内容(1) 県の様子

◆ 新・旧の対比 ◆

新（平成29年版）	旧（平成20年版）
(1) 県の様子 ア 知識・技能 (ア) 自分たちの県の地理的環境の概要を理解すること。また，47都道府県の名称と位置を理解すること。 (イ) 地図帳や各種の資料で調べ，白地図などにまとめること。 イ 思考力，判断力，表現力等 (ア) 我が国における自分たちの県の位置，県全体の地形や主な産業の分布，交通網や主な都市の位置などに着目して，県の様子を捉え，地理的環境の特色を考え，表現すること。	(6) 県の様子について，次のことを資料を活用したり白地図にまとめたりして調べ，県（都，道，府）の特色を考えるようにする。 ア 県（都，道，府）内における自分たちの市及び我が国における自分たちの県の地理的位置，47都道府県の名称と位置 イ 県全体の地形や主な産業の概要，交通網の様子や主な都市の位置 エ 人々の生活や産業と国内の他地域や外国とのかかわり

〈主な改善事項と実践課題〉

『県の様子』についての改善事項は見られない。

第4学年　内容(2) 人々の健康や生活環境を支える事業

◆ 新・旧の対比 ◆　　※下線部は，主な改善事項

新（平成29年版）	旧（平成20年版）
(2) 人々の健康や生活環境を支える事業 ア 知識・技能 (ア) 飲料水，電気，ガスを供給する事業は，①**安全で安定的に供給**できるよう進められていることや，地域の人々の健康な生活の維持と向上に役立っていることを理解すること。	(3) 地域の人々の生活にとって必要な飲料水，電気，ガスの確保や廃棄物の処理について，次のことを見学，調査したり資料を活用したりして調べ，これらの対策や事業は地域の人々の健康

(イ) 廃棄物を処理する事業は，②**衛生的な処理**や資源の有効利用ができるよう進められていることや，生活環境の維持と向上に役立っていることを理解すること。 (ウ) 見学・調査したり地図などの資料で調べたりしてまとめること。 イ 思考力，判断力，表現力等 (ア) 供給の仕組みや経路，県内外の人々の協力などに着目して，飲料水，電気，ガスの供給のための事業の様子を捉え，それらの事業が果たす役割を考え，表現すること。 (イ) 処理の仕組みや再利用，県内外の人々の協力などに着目して，廃棄物の処理のための事業の様子を捉え，その事業が果たす役割を考え，表現すること。 ◇内容の取扱い ア アの(ア)及び(イ)については，③**現在に至るまでに仕組みが計画的に改善され公衆衛生が向上してきたことに触れる**こと。 イ アの(ア)及びイの(ア)については，飲料水，電気，ガスの中から選択して取り上げること。 ウ アの(イ)及びイの(イ)については，ごみ，下水のいずれかを選択して取り上げること。 エ イの(ア)については，節水や節電など自分たちにできることを考えたり選択・判断したりできるよう配慮すること。 オ ④**イの(イ)については，社会生活を営む上で大切な法やきまりについて扱う**とともに，ごみの減量や水を汚さない工夫など，自分たちにできることを考えたり選択・判断したりできるよう配慮すること。	な生活や良好な生活環境の維持と向上に役立っていることを考えるようにする。 ア 飲料水，電気，ガスの確保や廃棄物の処理と自分たちの生活や産業とのかかわり イ これらの対策や事業は計画的，協力的に進められていること。 ◇内容の取扱い ア 「飲料水，電気，ガス」については，それらの中から選択して取り上げ，節水や節電などの資源の有効な利用についても扱うこと。 イ 「廃棄物の処理」については，ごみ，下水のいずれかを選択して取り上げ，廃棄物を資源として活用していることについても扱うこと。 ・内容の(3)及び(4)にかかわって，地域の社会生活を営む上で大切な法やきまりについて扱うものとする。

〈主な改善事項と実践課題〉

『人々の健康や生活環境を支える事業』の主な改善事項は**下線部**①～④の４か所である。

①「安全で安定的に供給」について

飲料水，電気，ガスを供給する事業の学習を通して理解できるようにする内容として新たに示された事柄である。

具体的には，飲料水，電気，ガスを供給する事業が様々な面で安全確保に努めていること，必要な量をいつでも使えるよう，その確保に努めていることを理解できるようにすることである。

これについては，すでに多くの学校や教科書で取り上げてきた内容であり，それが学習指導要領に示されたものといえる。

②「衛生的な処理」について

ごみや下水などの廃棄物を処理する事業の学習を通して理解できるようにする内容として新たに明示された事柄である。

具体的には，廃棄物を処理する事業が地域の生活環境に配慮しながら廃棄物を安全かつ衛生的に処理していることを理解できるようにすることである。これについても，すでに多くの学校や教科書が取り上げてきた内容であり，それが学習指導要領に明記されたものといえる。

③「現在に至るまでに仕組みが計画的に改善され公衆衛生が向上してきたことに触れる」について

飲料水，電気，ガスを供給する事業が地域の人々の健康な生活の維持と向上に役立っていることや廃棄物を処理する事業が生活環境の維持と向上に役立っていることを理解できるようにする際，供給や処理の仕組みが過去から現在に至るまでに計画的に改善され，公衆衛生が向上してきたことを資料で補足するなど，触れる程度に扱うことを求めている。

④「イの(イ)については，社会生活を営む上で大切な法やきまりについて扱う」について

これまで飲料水，電気，ガスの確保と廃棄物の処理のどちらの内容でも扱うものとしていた「法や決まり」を“廃棄物の処理に限定して指導する”ことを求めている。指導時数に限りがある中学年社会科においては，現実的かつ妥当な改善であるといえる。

第４学年　内容（３）自然災害から人々を守る活動

◆ 新・旧の対比 ◆

※下線部は，主な改善事項

新（平成29年版）	旧（平成20年版）
(3)　①<u>自然災害から人々を守る活動</u> ア　知識・技能 (ア)　②<u>地域の関係機関や人々は，自然災害に対し，様々な協力をして対処してきたことや，今後想定される災害に対し，様々な備えをしていることを理解する</u>こと。 (イ)　③<u>聞き取り調査をしたり地図や年表などの資料で調べたりして，まとめ</u>ること。	(4)　地域社会における災害及び事故の防止について，次のことを見学，調査したり資料を活用したりして調べ，人々の安全を守るための関係機関の働きとそこに従事している人々や地域の人々の工夫や努力を考える

イ　思考力，判断力，表現力等 (ア)　④**過去に発生した地域の自然災害，関係機関の協力などに着目して，災害から人々を守る活動を捉え，その働きを考え，表現する**こと。	ようにする。 ア　関係機関は地域の人々と協力して，災害や事故の防止に努めていること。 イ　関係の諸機関が相互に連携して，緊急に対処する体制をとっていること。
◇内容の取扱い ア　アの(ア)については，⑤**地震災害，津波災害，風水害，火山災害，雪害などの中から，過去に県内で発生したものを選択して取り上げる**こと。 イ　アの(ア)及びイの(ア)の⑥**「関係機関」については，県庁や市役所の働きなどを中心に取り上げ，防災情報の発信，避難体制の確保などの働き，自衛隊など国の機関との関わりを取り上げる**こと。 ウ　イの(ア)については，⑦**地域で起こり得る災害を想定し，日頃から必要な備えをするなど，自分たちにできることなどを考えたり選択・判断したりできるよう配慮する**こと。	◇内容の取扱い ・「災害」については，火災，風水害，地震などの中から選択して取り上げ，「事故の防止」については，交通事故などの事故防止や防犯を取り上げるものとする。

〈主な改善事項と実践課題〉

『自然災害から人々を守る活動』の主な改善事項は**下線部①～⑦**の７か所であり，そのすべてが新たに加えられた内容である。

①「自然災害から人々を守る活動」について

これまでの「地域社会における災害及び事故の防止」の内容の取扱いに示されていた「風水害，地震など」を新しい内容として独立させたものである。

②「地域の関係機関や人々は，自然災害に対し，様々な協力をして対処してきたことや，今後想定される災害に対し，様々な備えをしていることを理解する」について

これについては，まず，自然災害の事例として，⑤**「地震災害，津波災害，風水害，火山災害，雪害などの中から，過去に県内で発生したものを選択して取り上げる」**。

その事例について，④**「過去に発生した地域の自然災害，関係機関の協力などに着目して」**，③**「聞き取り調査をしたり地図や年表などの資料で調**

べたりして，まとめ」，④「災害から人々を守る活動を捉え，その働きを考え，表現する」。それを通して，②「**地域の関係機関や人々は，自然災害に対し，様々な協力をして対処してきたことや，今後想定される災害に対し，様々な備えをしていることを理解**」できるようにする。

その際，⑥「**『関係機関』については，県庁や市役所の働きなどを中心に取り上げ，防災情報の発信，避難体制の確保などの働き，自衛隊など国の機関との関わりを取り上げる**」ことを求めている。

さらには，ここでの学習の成果を実社会・実生活に生かす観点から，⑦「**地域で起こり得る災害を想定し，日頃から必要な備えをするなど，自分たちにできることなどを考えたり選択・判断したりできるよう配慮する**」ことを求めているのである。

このように，『自然災害から人々を守る活動』については，新単元・新教材の開発が急務となるフル・モデルチェンジである。

この実践課題を受けた授業づくりのポイントについては，『フル・モデルチェンジとマイナー・チェンジに対応した授業づくり』（P80 ～ 83）の中で詳しく述べていく。そちらを参照していただきたい。

第４学年　内容（４）県内の伝統や文化，先人の働き

◆ 新・旧の対比 ◆

※下線部は，主な改善事項

新（平成29年版）	旧（平成20年版）
(4)　①<u>県内の</u>伝統や文化，先人の働き ア　知識・技能 (ア)　県内の文化財や年中行事は，地域の人々が受け継いできたことや，それらには地域の発展など人々の様々な願いが込められていることを理解すること。 (イ)　地域の発展に尽くした先人は，様々な苦心や努力により当時の生活の向上に貢献したことを理解すること。 (ウ)　見学・調査したり地図などの資料で調べたりして，年表などにまとめること。 イ　思考力，判断力，表現力等 (ア)　歴史的背景や現在に至る経過，保存や継承のための取組などに着目して，県内の文化財や年中行事の様子を捉え，人々の願いや努力を考え，表現すること。	(5)　地域の人々の生活について，次のことを見学，調査したり年表にまとめたりして調べ，人々の生活の変化や人々の願い，地域の人々の生活の向上に尽くした先人の働きや苦心を考えるようにする。 イ　地域の人々が受け継いできた文化財や年中行事 ウ　地域の発展に尽くした先人の具体的事例

(イ) 当時の世の中の課題や人々の願いなどに着目して，地域の発展に尽くした先人の具体的事例を捉え，先人の働きを考え，表現すること。 ◇内容の取扱い ア アの(ア)については，②**県内の主な文化財や年中行事が大まかに分かるようにする**とともに，イの(ア)については，③**それらの中から具体的事例を取り上げる**こと。 イ アの(イ)及びイの(イ)については，開発，教育，④**医療**，文化，産業などの地域の発展に尽くした先人の中から選択して取り上げること。 ウ イの(ア)については，⑤**地域の伝統や文化の保存や継承に関わって，自分たちにできることなどを考えたり選択・判断したりできるよう配慮する**こと。	 ◇内容の取扱い ・内容の(5)のウの「具体的事例」については，開発，教育，文化，産業などの地域の発展に尽くした先人の中から選択して取り上げるものとする。

〈主な改善事項と実践課題〉

『県内の伝統や文化，先人の働き』の主な改善事項は**下線部**①～⑤の５か所である。

①「県内の」，②「県内の主な文化財や年中行事が大まかに分かるようにする」について

これまで身近な地域や市程度の範囲の中から，具体的事例を取り上げ展開されていた地域の文化財や年中行事の学習について，見直し・改善を図ることを求めている。

これまでとは異なり，まず，広く県全域を見渡し，県を代表する文化財や年中行事，例えば，歴史を今に伝える遺跡や建造物，民俗芸能などの文化財，祭りなどの年中行事に目を向ける。

次に，それらの主な文化財や年中行事の名称や位置などを地図や資料で大まかに調べる学習を行う。そして，県内の主な文化財や年中行事が大まかにわかるようにする。

③「それらの中から具体的事例を取り上げる」について

②の学習でとらえた県を代表する文化財や年中行事の中から具体的事例を取り上げ，歴史的背景や現在に至る経過，保存や継承のための取り組みなどに着目して調べ，県内の文化財や年中行事の様子をとらえ，人々の願いや努力を考え，表現するという事例に基づいた学習を展開していく。

この実践課題を受けた，これからの授業づくりのポイントについては，『フル・モデルチェンジ，マイナー・チェンジに対応した授業づくり』（P80 ～ 83）の中で詳しく述べていく。そちらを参照していただきたい。

第４学年　内容（５）県内の特色ある地域の様子

◆ 新・旧の対比 ◆

※下線部は，主な改善事項

新（平成29年版）	旧（平成20年版）
(5)　県内の特色ある地域の様子 ア　知識・技能 (ア)　県内の特色ある地域では，人々が協力し，特色あるまちづくりや観光などの産業の発展に努めていることを理解すること。 (イ)　地図帳や各種の資料で調べ，白地図などにまとめること。 イ　思考力，判断力，表現力等 (ア)　特色ある地域の位置や自然環境，人々の活動や産業の歴史的背景，人々の協力関係などに着目して，地域の様子を捉え，それらの特色を考え，表現すること。 ◇内容の取扱い ア　県内の特色ある地域が大まかに分かるようにするとともに，伝統的な技術を生かした地場産業が盛んな地域，<u>**①国際交流に取り組んでいる地域**</u>及び地域の資源を保護・活用している地域を取り上げること。その際，地域の資源を保護・活用している地域については，自然環境，伝統的な文化のいずれかを選択して取り上げること。 イ　国際交流に取り組んでいる地域を取り上げる際には，我が国や外国には国旗があることを理解し，それを尊重する態度を養うよう配慮すること。	(6)　県（都，道，府）の様子について，次のことを資料を活用したり白地図にまとめたりして調べ，県（都，道，府）の特色を考えるようにする。 ウ　県（都，道，府）内の特色ある地域の人々の生活 ◇内容の取扱い ア　ウについては，自然環境，伝統や文化などの地域の資源を保護・活用している地域を取り上げること。その際，伝統的な工業などの地場産業の盛んな地域を含めること。 イ　エについては，我が国や外国には国旗があることを理解させ，それを尊重する態度を育てるよう配慮すること。

〈主な改善事項と実践課題〉

『県内の特色ある地域の様子』の主な改善事項は**下線部**①の１か所である。

①「国際交流に取り組んでいる地域」について

県内の特色ある地域の様子については，これまで，その事例として，自然環境，伝統や文化などの地域の資源を保護・活用している地域や伝統的な工業などの地場産業の盛んな地域の中から二つ程度を選択して取り上げることになっていた。

これに対して，新学習指導要領では，選択事例として「国際交流に取り組んでいる地域」が新たに加えられている。

この改善を受け，今後は，県内の特色ある地域の事例として，次の三つの地域を取り上げることになる。

○事例１：伝統的な技術を生かした地場産業が盛んな地域
○事例２：国際交流に取り組んでいる地域
○事例３：地域の資源を保護・活用している地域（自然環境，伝統的な文化のいずれかを選択）

3 第５学年「国土と産業」学習の新・旧の対比と実践課題

第５学年　内容(1) 我が国の国土の様子と国民生活

◆ 新・旧の対比 ◆

※下線部は，主な改善事項

新（平成29年版）	旧（平成20年版）
(1) 我が国の国土の様子と国民生活 ア 知識・技能 (ア) 世界における我が国の国土の位置，国土の構成，領土の範囲などを大まかに理解すること。 (イ) 我が国の国土の地形や気候の概要を理解するとともに，人々は自然環境に適応して生活していることを理解すること。 (ウ) 地図帳や地球儀，各種の資料で調べ，まとめること。 イ 思考力，判断力，表現力等 (ア) 世界の大陸と主な海洋，主な国の位置，海洋に囲まれ多数の島からなる国土の構成などに着目して，我が国の国土の様子を捉え，その特色を考え，表現すること。 (イ) 地形や気候などに着目して，国土の自然などの様子や自然条件から見て特色ある地域の人々の生活を捉え，国土の自然環境の特色やそれらと国民生活との関連を考え，表現すること。	(1) 我が国の国土の自然などの様子について，次のことを地図や地球儀，資料などを活用して調べ，国土の環境が人々の生活や産業と密接な関連をもっていることを考えるようにする。 ア 世界の主な大陸と海洋，主な国の名称と位置，我が国の位置と領土 イ 国土の地形や気候の概要，自然条件から見て特色ある地域の人々の生活

◇内容の取扱い ア　アの(ア)の① **「領土の範囲」については，竹島や北方領土，尖閣諸島が我が国の固有の領土であることに触れる**こと。 イ　アの(ウ)については，地図帳や地球儀を用いて，方位，緯度や経度などによる位置の表し方について取り扱うこと。 ウ　イの(ア)の「主な国」については，名称についても扱うようにし，近隣の諸国を含めて取り上げること。その際，我が国や諸外国には国旗があることを理解し，それを尊重する態度を養うよう配慮すること。 エ　イの(イ)の「自然条件から見て特色ある地域」については，地形条件や気候条件から見て特色ある地域を取り上げること。	◇内容の取扱い ア　アの「主な国」については，近隣の諸国を含めて取り上げるものとすること。その際，我が国や諸外国には国旗があることを理解するとともに，それを尊重する態度を育てるよう配慮すること。 イ　イの「自然条件から見て特色ある地域」については，事例地を選択して取り上げ，自然環境に適応しながら生活している人々の工夫を具体的に扱うこと。

〈主な改善事項と実践課題〉

『我が国の国土の様子と国民生活』の主な改善事項は**下線部**①の１か所である。

①「『領土の範囲』については，竹島や北方領土，尖閣諸島が我が国の固有の領土であることに触れる」について

竹島や北方領土，尖閣諸島が我が国の固有の領土（一度も他の国の領土になったことがない領土）であることに触れて説明することを求めている。

第５学年　内容（２）我が国の農業や水産業における食料生産

◆ 新・旧の対比 ◆

※下線部は，主な改善事項

新（平成29年版）	旧（平成20年版）
(2)　我が国の農業や水産業における食料生産 ア　知識・技能 (ア)　我が国の食料生産は，自然条件を生かして営まれていることや，国民の食料を確保する重要な役割を果たしていることを理解すること。 (イ)　食料生産に関わる人々は，生産性や品質を高めるよう努力したり輸送方法や販売方法を工夫したりして，良質な食料を消費地に届けるなど，食料生産を支えて	(2)　我が国の農業や水産業について，次のことを調査したり地図や地球儀，資料などを活用したりして調べ，それらは国民の食料を確保する重要な役割を果たしていることや自然環境と深いかかわりをもって営まれていることを考えるようにする。

いることを理解すること。 (ウ)　地図帳や地球儀，各種の資料で調べ，まとめること。 イ　思考力，判断力，表現力等 (ア)　生産物の種類や分布，生産量の変化，輸入など外国との関わりなどに着目して，①**食料生産の概要**を捉え，食料生産が国民生活に果たす役割を考え，表現すること。 (イ)　生産の工程，人々の協力関係，技術の向上，輸送，②**価格や費用**などに着目して，食料生産に関わる人々の工夫や努力を捉え，その働きを考え，表現すること。 ◇内容の取扱い ア　アの(イ)及びイの(イ)については，食料生産の盛んな地域の具体的事例を通して調べることとし，稲作のほか，野菜，果物，畜産物，水産物などの中から一つを取り上げること。 イ　イの(ア)及び(イ)については，③**消費者や生産者の立場などから多角的に考えて，これからの農業などの発展について，自分の考えをまとめる**ことができるよう配慮すること。	ア　様々な食料生産が国民の食生活を支えていること，食料の中には外国から輸入しているものがあること。 イ　我が国の主な食料生産物の分布や土地利用の特色など ウ　食料生産に従事している人々の工夫や努力，生産地と消費地を結ぶ運輸などの働き ◇内容の取扱い ・ウについては，農業や水産業の盛んな地域の具体的事例を通して調べることとし，稲作のほか，野菜，果物，畜産物，水産物などの生産の中から一つを取り上げるものとする。 ・内容の(2)のウにかかわって，価格や費用，交通網について取り扱うものとする。

〈主な改善事項と実践課題〉

『我が国の農業や水産業における食料生産』の主な改善事項は**下線部①～③**の3か所である。

①「食料生産の概要」について

これまでのア「様々な食料生産が国民の食生活を支えていること，食料の中には外国から輸入しているものがあること」とイ「我が国の主な食料生産物の分布や土地利用の特色など」をまとめて言い表したものである。

②「価格や費用」について

「内容の取扱い」から内容へと位置が改められた。

③「消費者や生産者の立場などから多角的に考えて，これからの農業などの発展について，自分の考えをまとめる」について

よりよい社会を考え学習したことを社会生活に生かそうとする態度を養うとともに，多角的な思考や理解を通して，我が国の産業の発展を願い我が国の将来を担う国民としての自覚を養う

ことをねらいとして設けられた配慮事項である。

ここでは，学習したことをもとに，生産性や品質を高める工夫について，以下のように消費者や生産者の立場に立って多角的に考え，これからの農業や水産業における食料生産の発展に向けて自分の考えをまとめることができるようにすることを求めている。

・消費者の立場

安全性の確保や環境への負荷の軽減などの意識が高まっていること，低価格のものだけでなく高い品質や希少性のあるものを求める傾向が見られること。

・生産者の立場

例えば，農産物の生産では，農業法人などを設立して取り組んでいること，温室等の設備により出荷時期を工夫していること，手間をかけ高品質で付加価値の高いものを生産し海外に輸出していること。

①と②については文言の整理やその位置付けを改めただけである。③についても，すでに数多くの学校や教科書などでも取り組まれており，その実践の成果を踏まえ，無理のない程度の実践が望まれる。

第５学年　内容(３)　我が国の工業生産

◆ 新・旧の対比 ◆

※下線部は，主な改善事項

新（平成29年版）	旧（平成20年版）
(3)　我が国の工業生産 ア　知識・技能 (ア)　我が国では様々な工業生産が行われていることや，国土には工業の盛んな地域が広がっていること及び工業製品は国民生活の向上に重要な役割を果たしていることを理解すること。 (イ)　工業生産に関わる人々は，消費者の需要や社会の変化に対応し，優れた製品を生産するよう様々な工夫や努力をして，工業生産を支えていることを理解すること。 (ウ)　貿易や運輸は，原材料の確保や製品の販売などにおいて，工業生産を支える重要な役割を果たしていることを理解すること。 (エ)　地図帳や地球儀，各種の資料で調べ，まとめること。	(3)　我が国の工業生産について，次のことを調査したり地図や地球儀，資料などを活用したりして調べ，それらは国民生活を支える重要な役割を果たしていることを考えるようにする。 ア　様々な工業製品が国民生活を支えていること。 イ　我が国の各種の工業生産や工業地域の分布など ウ　工業生産に従事している人々の工夫や努力，工業生産を支える貿易や運輸などの働き

イ　思考力，判断力，表現力等 (ア)　工業の種類，工業の盛んな地域の分布，①**工業製品の改良**などに着目して，②**工業生産の概要**を捉え，工業生産が国民生活に果たす役割を考え，表現すること。 (イ)　③**製造の工程，工場相互の協力関係，優れた技術**などに着目して，工業生産に関わる人々の工夫や努力を捉え，その働きを考え，表現すること。 (ウ)　交通網の広がり，外国との関わりなどに着目して，貿易や運輸の様子を捉え，それらの役割を考え，表現すること。	
◇内容の取扱い ア　アの(イ)及びイの(イ)については，工業の盛んな地域の具体的事例を通して調べることとし，金属工業，機械工業，化学工業，食料品工業などの中から一つを取り上げること。 イ　イの(ア)及び(イ)については，④**消費者や生産者の立場などから多角的に考えて，これからの工業の発展について，自分の考えをまとめる**ことができるよう配慮すること。	◇内容の取扱い ・内容の(3)のウについては，工業の盛んな地域の具体的事例を通して調べることとし，金属工業，機械工業，石油化学工業，食料品工業などの中から一つを取り上げるものとする。 ・内容(3)のウにかかわって，価格や費用，交通網について取り扱うものとする。

〈主な改善事項と実践課題〉

『我が国の工業生産』の主な改善事項は**下線部**①～④の４か所である。

①「工業製品の改良」について

我が国の工業生産の概要をとらえる視点として，新たに盛り込まれたものである。

これについては，自動車，テレビ，冷蔵庫，炊飯器，掃除機，電話機など身近な生活で使われている工業製品をいくつか取り上げて，改良の過程や生活の様子の変化との関連を調べる学習を新たに盛り込む必要がある。

②「工業生産の概要」について

これまでのア「様々な工業製品が国民生活を支えていること」とイ「我が国の各種の工業生産や工業地域の分布など」及びこの度，新たに加えられた「工業製品の改良」を一つにまとめて言い表したものである。

③「製造の工程，工場相互の協力関係，優れた技術」について

工業生産に関わる人々の工夫や努力を捉える着眼点として，新たに示されたものである。

④「消費者や生産者の立場などから多角的に考えて，これからの工業の発展について，自分の考えをまとめる」について

よりよい社会を考え学習したことを社会生活に生かそうとする態度を養うとともに，多角的な思考や理解を通して，我が国の産業の発展を願い我が国の将来を担う国民としての自覚を養うことをねらいとして設けられた配慮事項である。

ここでは，学習したことをもとに，人々の安全，環境，価格，利便性，バリアフリーなどに対する消費者の願いが工業生産により実現されたこと，工業生産を通した我が国と外国との関わり方など，我が国の工業の発展について自分の考えをまとめることを求めている。

第５学年　内容（４）我が国の産業と情報との関わり

◆ 新・旧の対比 ◆

※下線部は，主な改善事項

新（平成29年版）	旧（平成20年版）
(4)　我が国の産業と情報との関わり ア　知識・技能 (ア)　放送，新聞などの産業は，国民生活に大きな影響を及ぼしていることを理解すること。 (イ)　①**<u>大量の情報や情報通信技術の活用は，様々な産業を発展させ，国民生活を向上させていることを理解</u>**すること。 (ウ)　聞き取り調査をしたり映像や新聞などの各種資料で調べたりして，まとめること。 イ　思考力，判断力，表現力等 (ア)　情報を集め発信するまでの工夫や努力などに着目して，放送，新聞などの産業の様子を捉え，それらの産業が国民生活に果たす役割を考え，表現すること。 (イ)　②**<u>情報の種類，情報の活用の仕方などに着目して，産業における情報活用の現状を捉え，情報を生かして発展する産業が国民生活に果たす役割を考え，表現する</u>**こと。 ◇内容の取扱い ア　アの(ア)の「放送，新聞などの産業」については，	(4)　我が国の情報産業や情報化した社会の様子について，次のことを調査したり資料を活用したりして調べ，情報化の進展は国民の生活に大きな影響を及ぼしていることや情報の有効な活用が大切であることを考えるようにする。 ア　放送，新聞などの産業と国民生活とのかかわり イ　情報化した社会の様子と国民生活とのかかわり ◇内容の取扱い ア　アについては，放送，

それらの中から選択して取り上げること。その際，③**情報を有効に活用することについて，情報の送り手と受け手の立場から多角的に考え，受け手として正しく判断することや送り手として責任をもつことが大切であることに気付くようにする**こと。 イ　④**アの(イ)及びイの(イ)については，情報や情報技術を活用して発展している販売，運輸，観光，医療，福祉などに関わる産業の中から選択して取り上げる**こと。その際，⑤**産業と国民の立場から多角的に考えて，情報化の進展に伴う産業の発展や国民生活の向上について，自分の考えをまとめる**ことができるよう配慮すること。	新聞などの中から選択して取り上げること。 イ　イについては，情報ネットワークを有効に活用して公共サービスの向上に努めている教育，福祉，医療，防災などの中から選択して取り上げること。

〈主な改善事項と実践課題〉

『我が国の産業と情報との関わり』の主な改善事項は**下線部①～⑤**の５か所である。

③「情報を有効に活用することについて，情報の送り手と受け手の立場から多角的に考え，受け手として正しく判断することや送り手として責任をもつことが大切であることに気付くようにする」について

「放送，新聞などの産業」にかかわる内容について，この事項が新たに示された。これについては，これまで数多くの学校や教科書などでもすでに扱われてきた。その実践の成果を生かしていくことが考えられる。

①②④⑤の「情報を生かして発展する産業」に関わる内容について

これについては，これまでの「情報化した社会の様子と国民生活とのかかわり」に代わるものとして新たに盛り込まれた内容であり，新単元・新教材の開発が急務となるフル・モデルチェンジである。

ここでは，次の学習を求めている。

②**「情報の種類，情報の活用の仕方などに着目して**，聞き取り調査をしたり映像や新聞などの各種資料で調べたりして**産業における情報活用の現状を捉え，情報を生かして発展する産業が国民生活に果たす役割を考え，表現する」**。

それを通して，①**「大量の情報や情報通信技術の活用は，様々な産業を発展させ，国民生活を向上させていることを理解」**できるようにする。

なお，情報を生かして発展する産業の事例としては，④**「販売，運輸，観光，医療，福祉などに関わる産業」**が例示されている。

この実践課題を受けた授業づくりのポイントについては『フル・モデルチェンジ，マイナー・チェンジに対応した授業づくり』（P80 ～ 83）の中で詳しく述べていく。そちらを参照していただきたい。

第５学年　内容(５) 我が国の国土の自然環境と国民生活との関連

◆新・旧の対比◆

※下線部は，主な改善事項

新（平成29年版）	旧（平成20年版）
(5)　我が国の国土の自然環境と国民生活との関連 ア　知識・技能 (ア)　①**自然災害は**国土の自然条件などと関連して発生していることや，自然災害から国土を保全し国民生活を守るために国や県などが様々な対策や事業を進めていることを理解すること。 (イ)　②**森林は**，その育成や保護に従事している人々の様々な工夫と努力により国土の保全など重要な役割を果たしていることを理解すること。 (ウ)　関係機関や地域の人々の様々な努力により公害の防止や生活環境の改善が図られてきたことを理解するとともに，公害から国土の環境や国民の健康な生活を守ることの大切さを理解すること。 (エ)　地図帳や各種の資料で調べ，まとめること。 イ　思考力，判断力，表現力等 (ア)　災害の種類や発生の位置や時期，防災対策などに着目して，国土の自然災害の状況を捉え，自然条件との関連を考え，表現すること。 (イ)　森林資源の分布や働きなどに着目して，国土の環境を捉え，森林資源が果たす役割を考え，表現すること。 (ウ)　公害の発生時期や経過，人々の協力や努力などに着目して，公害防止の取組を捉え，その働きを考え，表現すること。	(1)　我が国の国土の自然などの様子について，次のことを地図や地球儀，資料などを活用して調べ，国土の環境が人々の生活や産業と密接な関連をもっていることを考えるようにする。 エ　国土の保全などのための森林資源の働き及び自然災害の防止 ウ　公害から国民の健康や生活環境を守ることの大切さ
◇内容の取扱い ア　アの(ア)については，地震災害，津波災害，風水害，火山災害，雪害などを取り上げること。 イ　アの(ウ)及びイの(ウ)については，大気の汚染，水質の汚濁などの中から具体的事例を選択して取り	◇内容の取扱い ウ　ウについては，大気の汚染，水質の汚濁などの中から具体的事例を選択して取り上げる

上げること。 ウ　イの(イ)及び(ウ)については，③**国土の環境保全について，自分たちにできることなどを考えたり選択・判断したりできるよう配慮する**こと。	こと。 エ　エについては，我が国の国土保全等の観点から扱うようにし，森林資源の育成や保護に従事している人々の工夫や努力及び環境保全のための国民一人一人の協力の必要性に気付くよう配慮すること。

〈主な改善事項と実践課題〉

『我が国の国土の自然環境と国民生活との関連』の主な改善事項は**下線部①〜③**の３か所である。

①「自然災害は」及び②「森林は」について

これまで「国土の保全などのための森林資源の働き及び自然災害の防止」として一つにまとめられていた内容が二つに分けて示されたものであり，学習の中身としてはこれまでと大きく変わるものではない。

③「国土の環境保全について，自分たちにできることなどを考えたり選択・判断したりできるよう配慮する」について

ここでは，国民の一人として，国土の自然環境，国民の健康や生活環境の維持・改善に配慮した行動が求められるなど，国民一人ひとりの協力の必要性に気付くようにすること，その際，自分たちには何ができるかなど，自分たちが協力できることを考えたり選択・判断したりして，国土の環境保全への関心を高めるように配慮することなどを求めている。

こうした学習は，これまで数多くの学校や教科書などにおいてすでに実践されていたものであり，無理のない程度の実践が望まれるところである。

第6学年「政治と歴史と国際社会」学習の新・旧の対比と実践課題

第6学年　内容(1)　我が国の政治の働き

◆ 新・旧の対比 ◆

新（平成29年版）	旧（平成20年版）
(1)　我が国の政治の働き ア　知識・技能 (ア)　日本国憲法は国家の理想，天皇の地位，国民としての権利及び義務など国家や国民生活の基本を定めていることや，現在の我が国の民主政治は日本国憲法の基本的な考え方に基づいていることを理解するとともに，立法，行政，司法の三権がそれぞれの役割を果たしていることを理解すること。 (イ)　国や地方公共団体の政治は，国民主権の考え方の下，国民生活の安定と向上を図る大切な働きをしていることを理解すること。 (ウ)　見学・調査したり各種の資料で調べたりして，まとめること。 イ　思考力，判断力，表現力等 (ア)　日本国憲法の基本的な考え方に着目して，我が国の民主政治を捉え，日本国憲法が国民生活に果たす役割や，国会，内閣，裁判所と国民との関わりを考え，表現すること。 (イ)　政策の内容や計画から実施までの過程，法令や予算との関わりなどに着目して，国や地方公共団体の政治の取組を捉え，国民生活における政治の働きを考え，表現すること。 ◇内容の取扱い ア　アの(ア)については，国会などの議会政治	(2)　我が国の政治の働きについて，次のことを調査したり資料を活用したりして調べ，国民主権と関連付けて政治は国民生活の安定と向上を図るために大切な働きをしていること，現在の我が国の民主政治は日本国憲法の基本的な考え方に基づいていることを考えるようにする。 イ　日本国憲法は，国家の理想，天皇の地位，国民としての権利及び義務など国家や国民生活の基本を定めていること。 ア　国民生活には地方公共団体や国の政治の働きが反映していること。 ◇内容の取扱い イ　国会などの議会政治や選挙

や選挙の意味，国会と内閣と裁判所の三権相互の関連，裁判員制度や租税の役割などについて扱うこと。その際，イの(ア)に関わって，国民としての政治への関わり方について多角的に考えて，自分の考えをまとめることができるよう配慮すること。 イ　アの(ア)の「天皇の地位」については，日本国憲法に定める天皇の国事に関する行為など児童に理解しやすい事項を取り上げ，歴史に関する学習との関連も図りながら，天皇についての理解と敬愛の念を深めるようにすること。また，「国民としての権利及び義務」については，参政権，納税の義務などを取り上げること。 ウ　アの(イ)の「国や地方公共団体の政治」については，社会保障，自然災害からの復旧や復興，地域の開発や活性化などの取組の中から選択して取り上げること。 エ　イの(ア)の「国会」について，国民との関わりを指導する際には，各々の国民の祝日に関心をもち，我が国の社会や文化における意義を考えることができるよう配慮すること。	の意味，国会と内閣と裁判所の三権相互の関連，国民の司法参加，租税の役割などについても扱うようにすること。 エ　イの「天皇の地位」については，日本国憲法に定める天皇の国事に関する行為など児童に理解しやすい具体的な事項を取り上げ，歴史に関する学習との関連も図りながら，天皇についての理解と敬愛の念を深めるようにすること。また，イの「国民としての権利及び義務」については，参政権，納税の義務などを取り上げること。 ウ　アの「地方公共団体や国の政治の働き」については，社会保障，災害復旧の取組，地域の開発などの中から選択して取り上げ，具体的に調べられるようにすること。 ア　政治の働きと国民生活との関係を具体的に指導する際には，各々の国民の祝日に関心をもち，その意義を考えさせるよう配慮すること。

〈主な改善事項と実践課題〉

『我が国の政治の働き』については，個々の内容に大きな変更点は見られない。大幅な改善が行われたのは内容の順序である。

すなわち，歴史と政治の学習の順序，地方公共団体や国の政治の働きと日本国憲法の学習の順序が，それぞれ入れ替わっている。

これは，政治の働きへの関心を高めるとともに，中学校公民的分野の政治学習の順序との整合性を図ったものである。

そのことを踏まえ，政治の働きへの関心を高める導入をどのように進めるかがこれからの授業づくりの鍵を握るものである。この実践課題を受けた授業づくりのポイントについては，『フル・モデルチェンジ，マイナー・チェンジに対応した授業づくり』（P80 ～ 83）の中で詳しく述べていく。そちらを参照していただきたい。

第6学年　内容(2)　我が国の歴史上の主な事象

◆ 新・旧の対比 ◆

※下線部は，主な改善事項

新（平成29年版）	旧（平成20年版）
(2)　我が国の歴史上の主な事象 ア　知識・技能 我が国の歴史上の主な事象を手掛かりに，大まかな歴史を理解するとともに，関連する先人の業績，優れた文化遺産を理解すること。 (ア)　狩猟・採集や農耕の生活，古墳，大和朝廷（大和政権）による統一の様子を手掛かりに，むらからくにへと変化したことを理解すること。その際，神話・伝承を手掛かりに，国の形成に関する考え方などに関心をもつこと。 (イ)　大陸文化の摂取，大化の改新，大仏造営の様子を手掛かりに，天皇を中心とした政治が確立されたことを理解すること。 (ウ)　①**貴族の生活や文化を手掛かりに，日本風の文化が生まれたことを理解する**こと。 (エ)　源平の戦い，鎌倉幕府の始まり，元との戦いを手掛かりに，武士による政治が始まったことを理解すること。 (オ)　京都の室町に幕府が置かれた頃の代表的な建造物や絵画を手掛かりに，今日の生活文化につながる室町文化が生まれたことを理解すること。 (カ)　②**キリスト教の伝来，織田・豊臣の天下統一を手掛かりに，戦国の世が統一されたことを理解する**こと。 (キ)　江戸幕府の始まり，参勤交代や鎖	(1)　我が国の歴史上の主な事象について，人物の働きや代表的な文化遺産を中心に遺跡や文化財，資料などを活用して調べ，歴史を学ぶ意味を考えるようにするとともに，自分たちの生活の歴史的背景，我が国の歴史や先人の働きについて理解と関心を深めるようにする。 ア　狩猟・採集や農耕の生活，古墳について調べ，大和朝廷による国土の統一の様子が分かること。その際，神話・伝承を調べ，国の形成に関する考え方などに関心をもつこと。 イ　大陸文化の摂取，大化の改新，大仏造営の様子，貴族の生活について調べ，天皇を中心とした政治が確立されたことや日本風の文化が起こったことが分かること。 ウ　源平の戦い，鎌倉幕府の始まり，元との戦いについて調べ，武士による政治が始まったことが分かること。 エ　京都の室町に幕府が置かれたころの代表的な建造物や絵画について調べ，室町文化が生まれたことが分かること。 オ　キリスト教の伝来，織田・豊臣の天下統一，江戸幕府の始まり，参勤交代，鎖国につ

国などの幕府の政策，身分制を手掛かりに，武士による政治が安定したことを理解すること。

(ク) 歌舞伎や浮世絵，国学や蘭学を手掛かりに，町人の文化が栄え新しい学問がおこったことを理解すること。

(ケ) 黒船の来航，廃藩置県や四民平等などの改革，文明開化などを手掛かりに，我が国が明治維新を機に欧米の文化を取り入れつつ近代化を進めたことを理解すること。

(コ) 大日本帝国憲法の発布，日清・日露の戦争，条約改正，科学の発展などを手掛かりに，我が国の国力が充実し国際的地位が向上したことを理解すること。

(サ) 日中戦争や我が国に関わる第二次世界大戦，日本国憲法の制定，③**オリンピック・パラリンピック**の開催などを手掛かりに，戦後我が国は民主的な国家として出発し，国民生活が向上し，国際社会の中で重要な役割を果たしてきたことを理解すること。

(シ) 遺跡や文化財，地図や年表などの資料で調べ，まとめること。

イ 思考力，判断力，表現力等

(ア) 世の中の様子，人物の働きや代表的な文化遺産などに着目して，我が国の歴史上の主な事象を捉え，我が国の歴史の展開を考えるとともに，歴史を学ぶ意味を考え，表現すること。

いて調べ，戦国の世が統一され，身分制度が確立し武士による政治が安定したことが分かること。

カ 歌舞伎や浮世絵，国学や蘭学について調べ，町人の文化が栄え新しい学問が起こったことが分かること。

キ 黒船の来航，明治維新，文明開化などについて調べ，廃藩置県や四民平等などの諸改革を行い，欧米の文化を取り入れつつ近代化を進めたことが分かること。

ク 大日本帝国憲法の発布，日清・日露の戦争，条約改正，科学の発展などについて調べ，我が国の国力が充実し国際的地位が向上したことが分かること。

ケ 日華事変，我が国にかかわる第二次世界大戦，日本国憲法の制定，オリンピックの開催などについて調べ，戦後我が国は民主的な国家として出発し，国民生活が向上し国際社会の中で重要な役割を果たしてきたことが分かること。

◇内容の取扱い

ア アの(ア)から(サ)までについては，児童の興味・関心を重視し，取り上げる人物や文化遺産の重点の置き方に工夫を加える

◇内容の取扱い

ア 児童の興味・関心を重視し，取り上げる人物や文化遺産の重点の置き方に工夫を加えるな

など，精選して具体的に理解できるようにすること。その際，アの(サ)の指導に当たっては，児童の発達の段階を考慮すること。

イ　アの(ア)から(サ)までについては，例えば，国宝，重要文化財に指定されているものや，世界文化遺産に登録されているものなどを取り上げ，我が国の代表的な文化遺産を通して学習できるように配慮すること。

ウ　アの(ア)から(コ)までについては，例えば，次に掲げる人物を取り上げ，人物の働きを通して学習できるよう指導すること。
卑弥呼，聖徳太子，小野妹子，中大兄皇子，中臣鎌足，聖武天皇，行基，鑑真，藤原道長，紫式部，清少納言，平清盛，源頼朝，源義経，北条時宗，足利義満，足利義政，雪舟，ザビエル，織田信長，豊臣秀吉，徳川家康，徳川家光，近松門左衛門，④**歌川広重**，本居宣長，杉田玄白，伊能忠敬，ペリー，勝海舟，西郷隆盛，大久保利通，木戸孝允，明治天皇，福沢諭吉，大隈重信，板垣退助，伊藤博文，陸奥宗光，東郷平八郎，小村寿太郎，野口英世

エ　アの(ア)の「神話・伝承」については，古事記，日本書紀，風土記などの中から適切なものを取り上げること。

オ　アの(イ)から(サ)までについては，⑤**当時の世界との関わりにも目を向け，我が国の歴史を広い視野から捉えられるよう配慮する**こと。

カ　アの(シ)については，年表や絵画など資料の特性に留意した読み取り方についても指導すること。

キ　イの(ア)については，歴史学習全体を通して，我が国は長い歴史をもち伝統や文化を育んできたこと，我が国の歴史は政治の中心地や世の中の様子などによって幾つかの時期に分けられることに気付く

ど，精選して具体的に理解できるようにすること。その際，ケの指導に当たっては，児童の発達の段階を考慮すること。

オ　アからケまでについては，例えば，国宝，重要文化財に指定されているものや，そのうち世界文化遺産に登録されているものなどを取り上げ，我が国の代表的な文化遺産を通して学習できるように配慮すること。

エ　アからクまでについては，例えば，次に掲げる人物を取り上げ，人物の働きを通して学習できるように指導すること。
卑弥呼，聖徳太子，小野妹子，中大兄皇子，中臣鎌足，聖武天皇，行基，鑑真，藤原道長，紫式部，清少納言，平清盛，源頼朝，源義経，北条時宗，足利義満，足利義政，雪舟，ザビエル，織田信長，豊臣秀吉，徳川家康，徳川家光，近松門左衛門，歌川（安藤）広重，本居宣長，杉田玄白，伊能忠敬，ペリー，勝海舟，西郷隆盛，大久保利通，木戸孝允，明治天皇，福沢諭吉，大隈重信，板垣退助，伊藤博文，陸奥宗光，東郷平八郎，小村寿太郎，野口英世

ウ　アの「神話・伝承」については，古事記，日本書紀，風土記などの中から適切なものを取り上げること。

イ　歴史学習全体を通して，我が国は長い歴史をもち伝統や文化をはぐくんできたこと，我が国の歴史は政治の中心地や世の中の様子などによって幾つかの時

ようにするとともに，現在の自分たちの生活と過去の出来事との関わりを考えたり，過去の出来事を基に現在及び将来の発展を考えたりするなど，歴史を学ぶ意味を考えるようにすること。	期に分けられることに気付くようにすること。

〈主な改善事項と実践課題〉

『我が国の歴史上の主な事象』についての主な改善事項は**下線部①～⑤**の５か所である。

①「貴族の生活や文化を手掛かりに，日本風の文化が生まれたことを理解する」及び②「キリスト教の伝来，織田・豊臣の天下統一を手掛かりに，戦国の世が統一されたことを理解する」について

政治の中心地や世の中の様子に着目して時期をとらえるという小学校歴史学習の趣旨を踏まえ，それぞれ独立した内容として示すよう改められたものである。

③「オリンピック・パラリンピック」，④「歌川広重」について

歴史上の事象が「オリンピック」から「オリンピック・パラリンピック」へ，人物の名称が「歌川（安藤）広重」から「歌川広重」へと，それぞれ改められている。

⑤「当時の世界との関わりにも目を向け，我が国の歴史を広い視野から捉えられるよう配慮する」について

外国との関わりへの関心を高めることをねらいとして新たに加えられた配慮事項である。

なお，上記の改善も含め，これからの授業づくりを左右する内容レベルの変更点は見られない。

第６学年　内容（３）グローバル化する世界と日本の役割

◆ 新・旧の対比 ◆

※下線部は，主な改善事項

新（平成29年版）	旧（平成20年版）
(3)　グローバル化する世界と日本の役割 ア　知識・技能 (ア)　我が国と経済や文化などの面でつながりが深い国の人々の生活は，多様であることを理解するとともに，<u>**①スポーツや文化などを通して他国と交流し，異なる文化や習慣を尊重し合うことが大切であることを理解**</u>	(3)　世界の中の日本の役割について，次のことを調査したり地図や地球儀，資料などを活用したりして調べ，外国の人々と共に生きていくためには異なる文化や習慣を理解し合うことが大切であること，世界平和の大切さと我が国が世界において重要な

すること。

(イ) 我が国は，平和な世界の実現のために国際連合の一員として重要な役割を果たしたり，諸外国の発展のために援助や協力を行ったりしていることを理解すること。

(ウ) 地図帳や地球儀，各種の資料で調べ，まとめること。

イ 思考力，判断力，表現力等

(ア) 外国の人々の生活の様子などに着目して，日本の文化や習慣との違いを捉え，**②国際交流の果たす役割を考え，表現する**こと。

(イ) 地球規模で発生している課題の解決に向けた連携・協力などに着目して，国際連合の働きや我が国の国際協力の様子を捉え，国際社会において我が国が果たしている役割を考え，表現すること。

◇内容の取扱い

ア アについては，我が国の国旗と国歌の意義を理解し，これを尊重する態度を養うとともに，諸外国の国旗と国歌も同様に尊重する態度を養うよう配慮すること。

イ アの(ア)については，我が国とつながりが深い国から数か国を取り上げること。その際，児童が１か国を選択して調べるよう配慮すること。

ウ アの(ア)については，我が国や諸外国の伝統や文化を尊重しようとする態度を養うよう配慮すること。

エ イについては，**③世界の人々と共に生きていくために大切なことや，今後，我が国が国際社会において果たすべき役割などを多角的に考えたり選択・判断したりできるよう配慮する**こと。

オ イの(イ)については，網羅的，抽象的な

役割を果たしていることを考えるようにする。

ア 我が国と経済や文化などの面でつながりが深い国の人々の生活の様子

イ 我が国の国際交流や国際協力の様子及び平和な国際社会の実現に努力している国際連合の働き

◇内容の取扱い

エ ア及びイについては，我が国の国旗と国歌の意義を理解させ，これを尊重する態度を育てるとともに，諸外国の国旗と国歌も同様に尊重する態度を育てるよう配慮すること。

ア アについては，我が国とつながりが深い国から数か国を取り上げること。その際，それらの中から児童が一か国を選択して調べるよう配慮し，様々な外国の文化を具体的に理解できるようにするとともに，我が国や諸外国の伝統や文化を尊重しようとする態度を養うこと。

ウ イの「国際連合の働き」については，網羅的，抽象的な扱いにならないよう，ユニセフやユ

扱いを避けるため，「国際連合の働き」については，ユニセフやユネスコの身近な活動を取り上げること。また，「我が国の国際協力の様子」については，教育，医療，農業などの分野で世界に貢献している事例の中から選択して取り上げること。	ネスコの身近な活動を取り上げて具体的に調べるようにすること。 イ　イの「国際交流」についてはスポーツ，文化の中から，「国際協力」については教育，医学，農業などの分野で世界に貢献している事例の中から，それぞれ選択して取り上げ，国際社会における我が国の役割を具体的に考えるようにすること。

〈主な改善事項と実践課題〉

『グローバル化する世界と日本の役割』についての主な改善事項は**下線部①〜③**の３か所である。

①②の「国際交流の果たす役割を考え，表現する」学習を通して「スポーツや文化などを通して他国と交流し，異なる文化や習慣を尊重し合うことが大切であることを理解する」ことについて

これは，これまでの「我が国の国際交流や国際協力の様子及び平和な国際社会の実現に努力している国際連合の働き」にかかわる内容の一部となっていた「国際交流」を移行したものである。

③「世界の人々と共に生きていくために大切なことや，今後，我が国が国際社会において果たすべき役割などを多角的に考えたり選択・判断したりできるよう配慮する」について

ここでは，我が国とつながりの深い国の人々の生活や国際連合の働き，我が国の国際協力の様子について学習したことを活用し，「グローバル化する国際社会において，今後，我が国が果たすべき役割，義務や責任」について，例えば次の立場から多角的に考えたり，世界の人々と共に生きていくために大切なことについて，自分たちにできることを考えたり選択・判断したりする。

・過去の戦争や原爆による人類最初の惨禍を経験した我が国の立場。
・国際的な協力や援助を必要としている国や地域の人々などの立場。

そして，世界の平和に向けた自分の考えをまとめるようにすることを求めている。

この改善を受け，「日本とつながりの深い国の人々の生活」に関する内容に「国際交流」を加えた，新たな教材や単元づくりが求められる。

この実践課題を受けた授業づくりのポイントについては，『フル・モデルチェンジ，マイナー・チェンジに対応した授業づくり』（P80 〜 83）の中で詳しく述べていく。そちらを参照していただきたい。

第 4 章

新学習指導要領の実践課題

Q & A

フル・モデルチェンジ，マイナー・チェンジに対応した授業づくり

Q この度の改訂でフル・モデルチェンジやマイナー・チェンジが行われた内容の授業づくりをどのように進めていけばよいのでしょうか。

A フル・モデルチェンジの内容については，改善のポイントをヒントに新しい授業の姿をイメージし，素材の発掘や教材化に着手します。マイナー・チェンジの内容については，改善のポイントをヒントに，これまでの授業の見直しを図る着眼点を明らかにして授業改善に臨みます。

1 フル・モデルチェンジに対応した授業づくりのポイント

◆「市の様子の移り変わり」〈第３学年内容(4)〉

■改善のポイント

“生活の道具の移り変わりに伴う人々の暮らしの変化”から“市の様子の移り変わりとそれに伴う人々の暮らしの変化”を追究する授業へとねらいや学習活動の方向転換が図られた。

■新しい授業のイメージ

○まず，今と昔の同じ場所の写真を見比べる。「今と昔ではこんなに違うの！？」という驚きから素朴な問いを引き出す。

○その解決に向け，当時のまちの様々な写真や地図などを読み取る。

○そこでとらえた交通，土地利用，公共施設，生活の道具，市の人口などの今との違いに着目させ，「どのようにして，今の市や暮らしへと変わってきたのだろう？」という問題意識を高めていく。

○市の様子や人々の暮らしが大きく変わる「節目の時期」に気付く資料を提示し，「市の様子や人々の暮らしが，いつごろ，どのように大きく変化したのだろう」という追究の見通しをもたせる。

○「節目の時期」の前後の市の様子や人々の暮らしを，交通，土地利用，公共施設，生活の道具，市の人口などに着目して調べ，年表に整理する。調べる際には，市の博物館や資料館の関係者や地域の人からの聞き取りや資料収集を行う。

○まとめた年表と調べた事実を関連付け，市の様子の移り変わりとそれに伴う暮らしの変化を考えたり，市が直面する問題や将来の発展について考え討論したりする。

■授業づくりの着眼点

事前の教材研究で，交通，土地利用，公共施設，生活の道具，市の人口の時期による違いを年表に整理し，変化の節目となる時期を見つけ出す。

◆「自然災害から人々を守る活動」〈第４学年(3)〉

■改善のポイント

自然災害から県民や市民の安全を守る県庁や市役所などの関係機関の働きと地

域の人々との協力関係を学ぶ内容として，新設された。

■新しい授業のイメージ

○自然災害に関する身近な話題（ニュースや地域の施設，過去の自然災害による被害の写真）から，過去に発生した県内の自然災害に目を向ける。

○自然災害に関する年表や被害を被った地域が読み取れる地図，被害状況に関する資料などに基づいて，過去に発生した県の自然災害の被害状況を調べる。

○被害を最小限に食い止める県庁や市役所などの関係機関の取り組みと地域の人々の協力などを調べ，それらの働きを考え話し合う。

○学び取ったことを活用し，地域で起こり得る災害を想定し，日頃の備えなど，自分たちにできることを考えたり選択・判断したりする。

■授業づくりの着眼点

事前の教材研究で，過去に発生した自然災害とその対策，それと関連した県庁や市役所などの関係機関と地域の人々の活動を調べ，教材化する。

◆「我が国の産業と情報との関わり」〈第５学年内容⑷〉

■改善のポイント

情報に関する内容のうち，「情報ネットワークの公共利用」の部分が「産業における情報活用」へと大きく改められた。

■新しい授業のイメージ

○日常の生活で「どんな情報をどのように入手し，どう活用しているか」を話し合い，日頃の情報活用と日々の生活との関連に目を向ける。

○既習の食料生産や工業生産における情報活用や今話題となっている情報活用（ＡＩやポスシステム）などについて話し合い，産業における情報活用に対する問題意識を高める。

○情報活用により発展している産業と出合わせ，「どんな情報をどのように入手し，どのように活用しているのか」という問いを引き出し，産業における情報活用の現状や国民生活とのかかわりを調べる。

○調べた事実に基づいて，「情報を生かして発展する産業が，国民の生活にどのような変化をもたらしたか」を話し合い，情報を生かして発展する産業が国民生活に果たす役割を考える。

○学び取ったことを活用し，情報化の進展に伴う産業の発展を国民生活の向上と関連付け，自分の考えをまとめる。

■授業づくりの着眼点

事前の教材研究で，情報や情報技術を活用して発展している販売，運輸，観光，医療，福祉などに関わる産業が「どんな情報をどのように集め，どのように活用しているのか」を具体的に調べ，教材化する。

マイナー・チェンジに対応した授業づくりのポイント

◆「身近な地域や市区町村の様子」〈第３学年内容(1)〉

■改善のポイント

身近な地域の扱いを軽くし，市の様子に重点化して，単元全体の指導時数を削減する方向で改善が図られた。

■授業改善の着眼点

「身近な地域の様子」を「市の様子」の一部ととらえ，二つに分けず一つの単元で構成する。

具体的には，まず，学校・自宅の住所や公共施設の名称などに着目させ，市の範囲（形），周りの市との位置関係や県全体における市の位置，市全体から見た学区の位置などをおさえる。次に，学区や市内の特徴的な場所の写真を対比し，学区や市の特徴的な場所の様子に関心をもたせ，学区内や学区に近い場所は直接観察して，遠い場所は別の方法で調べるという追究の見通しをもたせる。そして，学区内を観察し，絵地図や平面地図にまとめる活動，他の場所を写真や地図などで調べる活動を行う。さらに，その結果を白地図にまとめ，場所による様子の違いを話し合うなどの学習活動を展開する。

◆「地域の安全を守る働き」〈第３学年内容(3)〉

■改善のポイント

火災，事件・事故の防止それぞれで，①「関係機関相互の連携による緊急時の対処」と②「関係機関と地域住民との協力による未然の防止」を扱うが，火災では①，事件・事故では②に，それぞれ重点を置くなどの工夫により，単元全体の指導時数を削減する方向で改善が図られた。

■授業改善の着眼点

①に重点化した「火災」では消防署の見学・調査を，②に重点化した「事件・事故」では日頃の備えや未然防止のための協力について聞き取る調査をそれぞれ行うなど，指導の重点化を図る。

◆「県内の伝統や文化，先人の働き」〈第４学年内容(4)〉

■改善のポイント

文化財や年中行事の保存・継承などの取り組みについて，これまでの市を中心とした地域から県全域を広く見渡すことにより，県内の主な文化財や年中行事の概要を大まかにとらえた上で，その中から事例を取り上げて歴史的背景や保存・継承などの取り組みを追究する方向で改善が図られた。

■授業改善の着眼点

事前の教材研究で，文化財や年中行事の中から県を代表するものをピックアップする。それをもとに県の文化財や年中行事の概要を調べる分布図などの資料を作成するとともに，事例として適切なものを一つ選び，素材集めや教材化を行う。

◆「グローバル化する世界と日本の役割」〈第６学年内容(3)〉

■改善のポイント

国際交流に関する内容を国際理解の内容とセットで取り上げるように改善が図られた。

■授業改善の着眼点

まず，日本と関係の深い国の人々の生

活の様子を比べ，お互いの国同士や日本との文化や習慣の違いに気付かせる。次に，「お互いの文化や習慣を理解し合うにはどうすればよいか」などの問題意識を育む。そして，文化や習慣の相互理解の大切さとスポーツや文化などを通じた他国との交流の取り組みとを関連付けて国際交流の意味を考えるという，一連の学習活動を展開していく。

地域版副読本の改訂

Q 学習指導要領の改訂を受け，第３学年と第４学年の地域版副読本の改訂が急務です。どのように進めていけばよいのでしょうか。

A まず，必要なことは，新学習指導要領の改訂の趣旨やポイントを踏まえ，副読本改訂の基本方針を決定することです。短い期間の改訂作業となりますが，副読本の性格やその後の活用の仕方を方向付ける重要なプロセスです。

それと同時に，第３学年，第４学年それぞれの単元構成と配当時数を検討し，一覧表を作成することが急務です。

次に必要となるのは，取り上げる事例や事例地域を洗い出し，その中から最適なものを選定することです。

それらをもとに，単元の指導計画と紙面構成のラフ・スケッチを作成し，分担・協力して各ページの執筆を進めていきます。

1 副読本改訂の基本方針を決定する

地域版の副読本には，大きく分けて，「読み物（教材集）型」，「教科書型」，「中間型」の三つのタイプがある。

一つ目の「読み物（教材集）型」は，学習の対象となる地域の事例を教材化し，読み物として編集するタイプである。このタイプは教科書との併用を前提としている。

すなわち，教科書は全国版として編集されているため，学習者である子どもが生活している場とは異なる地域の事例が掲載されている。しかし，事象との出合い方，子どもたちの問題意識の芽生えや流れ，学び方や主な学習活動，まとめ方や表現方法などについては，教科書の記述が参考になる。その教科書のよさを最大限に活用し，“教科書との併用を前提とした副読本，地域の事例のバリエーションや記述の内容を手厚くした副読本を編集する”という方針を立てるのである。

二つ目の「教科書型」は，教科書の代わりに副読本で学習するという考えで編集するタイプである。

具体的には，教科書と記述のスタイルを合わせ，“子どもたちが暮らす地域の社会生活と密着した事例を盛り込み，地域版の教科書を独自に編集する”というものである。

三つ目の「中間型」は，“地域の事例を材料にして，子どもたちが事象と出合い，驚きや疑問など素朴な問いをもつ，そして徐々に問題意識を深めながら問題を追究・解決していくなど，子どもに期待する問題解決のストーリー展開をイメージしながら，全体のページ構成，各ページに掲載する資料，記述内容を決定していく。その際，学び方やまとめ方，表現方法など教科書で済むものはそれに任せて割愛する”という基本方針で編集

作業を進めていく。

なお，地域学習には，「地域を学ぶ」と「地域で学ぶ」という二つの大きなねらいがある。

「地域を学ぶ」とは，自分が暮らす地域社会をより深く理解し，地域に対する誇りと愛情，地域社会の一員としての自覚を養っていくことである。

一方，「地域で学ぶ」とは，地域社会を学習の場とし，そこで出あう「もの・人・こと」と直接かかわるなどして，社会科で育てたい諸能力，すなわち，観察したり調査したりする技能，具体的資料を活用する技能，まとめる技能，考える力などを育てていくことである。

この両方のねらいをよりよく実現する副読本こそが，副読本のあるべき姿であるという観点から，どのタイプの副読本をめざすのかなど，編集の基本方針を吟味・検討し，編集の関係者が一丸となって編集作業に臨めるようにしていくことが大切である。

2 単元構成・配当時間数一覧表を作成する

第３学年は 70 時間，第４学年は 90 時間が，社会科の年間総授業時数である。

この限られた時数の中で，第３学年では⑴〜⑷の四つの内容を，第４学年では⑴〜⑸の五つの内容を，それぞれ指導することになる。

そこで，これまでの単元構成やそれぞれの単元でどの程度の時間数が配当されていたのかなど，従前の実績をベースにして，これと新学習指導要領の改善事項を照らし合わせながら単元構成と配当時数を検討し，一覧表を作成する必要がある。

その際，第３章『新旧の対比で見えてくる“社会科授業づくりの新しい方向性”』の中ですでに述べたが，第３学年では，指導時数の配分にかかわる課題を抱えていることを踏まえる必要がある。

すなわち，これまで第３学年では 70 時間の中で三つの内容，例えば「⑴身近な地域や市区町村の様子，⑵地域の生産や販売の仕事，⑷地域の安全を守る働き」あるいは「⑴身近な地域や市区町村の様子，⑵地域の生産や販売の仕事，⑸地域の古い道具，文化財や年中行事」を扱ってきた。一方，新学習指導要領ではこれまでと変わらない時数で一つ多い内容を指導しなければならないのである。

この課題解決に向けた配慮事項として，「内容⑴については，『自分たちの市』に重点を置くよう配慮する」「内容⑶については，火災と事故（消防と警察）の両方で『緊急時への対処』と『未然の防止』を取り上げるが，どちらか一方に重点を置くなど効果的な指導を工夫する」がそれぞれの内容の取扱いに置かれている。これをどのように解釈し，各内容にそれぞれどれだけの時間数を配当するのかを十分に検討することが大切である。

3 取り上げる事例を選定する

取り上げる事例の選定は，副読本編集の最も重要な作業であるといっても過言ではない。「地域を学ぶ」と「地域で学ぶ」のどちらにも最適な事例が選定できれば，地域学習の二つの学びを実現する材料を子どもたちや先生方に提供できるからである。

この度の改訂では，特に「地域を学ぶ」という視点からの事例探しが課題である。それはなぜかといえば，第３学年では市区町村を，第４学年で都道府県を，これまで以上に深く理解することが求められているからである。

以下，事例や事例地域の選定にかかわる留意点を整理して示す。

◆ 第３学年 ◆

内容項目	事例・事例地域等の選定の留意点
(1)身近な地域や市区町村の様子	○社会条件，地形条件から見て特色ある場所。例えば，駅や市役所のまわり，工場や住宅の集まるところ，田畑や森林が広がっているところ，伝統的な街並みが残るところを選定。
(2)ア生産の仕事	○市内に見られる主な仕事のうち，見学・調査を通して仕事の特色を具体的にとらえることができるもの（農家，工場，木を育てる，魚や貝を採ったり育てたりするなどの仕事の中から選択）を選定。
(2)イ販売の仕事	○身近な地域にある，小売店，スーパーマーケット，コンビニエンスストアなどのうち，見学･調査を通して，販売の仕事の様子，国内の他地域や外国との結び付きなどが具体的に捉えられるものを選定。
(3)地域の安全を守る働き	○見学・調査が可能な消防署，警察署などの関係機関や関連する施設・設備を選定。なお，軽重をつける関係で，例えば，見学・調査は消防署の緊急時の対応，施設・設備は事件・事故の未然防止とすることも考えられる。
(4)市の様子の移り変わり	○聞き取り調査に応じてもらえる市の博物館や資料館などを選定。

◆ 第４学年 ◆

内容項目	事例・事例地域等の選定の留意点
⑵ア飲料水等の供給	○飲料水，電気，ガスの中から一つを選択。 ○見学・調査が可能な浄水場などの施設や事業所（時数的に見て可能な場合）を選定。
⑵イ廃棄物の処理	○ごみ，下水のいずれかを選択。 ○見学・調査が可能なごみ処理場などの施設や事業所（時数的に見て可能な場合）を選定。
⑶自然災害から人々を守る活動	○地震災害，津波災害，風水害，火山災害，雪害などの中から，過去に県内で発生したものを選択。複数選択も可。 ○聞き取り調査が可能な，県庁や市役所，地域の防災組織の関係者を選定。
⑷ア県内の伝統や文化	○県を代表するなどの主な文化財や年中行事の中から，見学・調査を通して文化財や年中行事に込められた地域の人々の願いが具体的にとらえられるものを選択。 ○追究に必要な情報が子どもの手で入手可能な博物館や資料館（時数的に見て可能な場合）を選定。
⑷イ地域の発展に尽くした先人の働き	○開発，教育，医療，文化，産業などの地域の発展に尽くした先人の中から一つを選択。 ○追究に必要な情報が子どもの手で入手可能な博物館や資料館（時数的に見て可能な場合）を選定。
⑸県内の特色ある地域の様子	○県内の特色ある地域を三つ程度選択。 ①伝統的な技術を生かした地場産業が盛んな地域 ②国際交流に取り組んでいる地域 ③地域の資源を保護・活用している地域（自然環境，伝統的な文化のいずれか一方）

上記の一覧表を参照の上，選択事例をどれにするのか，見学・調査をどの内容に位置付けるのかなどの観点から，指導時数との関連にも考慮し，地域の実態に応じて吟味・検討を加える。そして，その結果を「単元構成，配当時数一覧表」に盛り込んでいくとよい。

なお，事例については，学校の実情に応じて他の事例を選択できるように，選択事例（切り替え教材）を「読み物（教材集）型」として掲載することも一つの工夫である。

参考までに，第３学年と第４学年の「単元構成，配当時数，事例・事例地域等一

覧表」を例示する。

◆ 第３学年「単元構成，配当時数，事例・事例地域等一覧表」（例示）◆

単元名：○は時数	時数	事例・事例地域，見学・調査等	備考
１．身近な地域や市区町村の様子	17	・学校の周り（探検・絵地図づくり）／駅や市役所の周り／古い街並みが残るところ／川に沿ったところ（上流から河口付近まで）	部分改訂
２．生産や販売の仕事 ○大導入② (1)工場の仕事⑦ (2)お店の仕事⑫	21	・食べ物をつくる工場を選択。 ・スーパーマーケットを選択。(見学・調査活動を軸に展開)	
３．安全な暮らしを守る ○大導入① (1)火事をふせぐ⑦ (2)事件・事故をふせぐ⑤ ○安全な暮らしを守るために③	16	・消防署の見学（緊急時に重点） ・施設・設備，地域の人々の活動等の調査（未然防止に重点） ・選択・判断の学習，ゲスト・ティーチャー（地域の関係者）	部分改訂
４．市の様子の移り変わり ○大導入① ○博物館の見学② ○交通の変化を軸に，三つの時期で変化をとらえる⑩ ○市の取り組みと未来②	16	・博物館の見学（昔の道具体験，学習の見通し等） ・ゲスト･ティーチャー（市役所）	大幅改訂
時数（合計）	70		

◆第４学年「単元構成，配当時数，事例・事例地域等一覧表」（例示）◆

単元名：○は時数	時数	事例・事例地域，見学・調査等	備考
1．県の様子	7		
2．健康や生活環境を支える事業 ○大導入① (1)ごみの処理と活用⑪ (2)暮らしを支える水⑩ 【選択】電気／ガス 【選択】下水	22	・ごみを選択。（清掃工場の見学） ・飲料水を選択。（浄水場の見学）	
3．自然災害から人々を守る活動 【選択】地震災害／津波災害／火山災害／雪害	12	・風水害を選択。	大幅改訂
4．県内の伝統や文化 ○大導入① (1)建造物を守る⑤ (2)年中行事を受け継ぐ⑥	12	・県内の文化財，年中行事を概観。 ・建造物保護を取り上げる。 ・祭りを取り上げる。（博物館見学）	部分改訂
5．地域の発展に尽くした先人 【選択】教育／医療／文化／産業	12	・地域の開発を選択。（博物館見学）	
6．県内の特色ある地域の様子 ○大導入① (1)地場産業の盛んな地域⑧ (2)国際交流に取り組む地域⑧ (3)地域の資源を保護・活用している地域⑧ 【選択】伝統的な文化	25	・焼き物づくりの盛んな街を事例に取り上げる。 ・文化面で国際交流が盛んな街を事例に取り上げる。 ・自然環境を資源として活用している地域を取り上げる。	
時数（合計）	90		

単元の指導計画に基づき，紙面構成のラフ・スケッチを作成する

「単元構成，配当時数，事例・事例地域等一覧表」は，マンション建設に例えると，建物全体のどこに，どんなタイプ（３LDKや４LDKなど）の部屋をつくるのかという，大まかな青写真である。

次の段階で行うべきことは，それぞれの間取りや内装をどうするかという，いわば，限られたスペースを最大限に生かす設計図の作成作業である。

副読本の作成へと話を戻せば，それは，単元の指導計画とそれに対応した副読本の紙面構成のラフ・スケッチを作成することである。

そのガイドラインが，新学習指導要領解説社会編（文部科学省）であり，参考となるのが，本書第３章『新・旧の対比で見えてくる"社会科授業づくりの新しい方向性"』と第４章『フル・モデルチェンジ，マイナー・チェンジに対応した授業づくり』である。

単元の指導計画の作成にあたり，「教科書型」や「中間型」を基本方針として編集作業を進める場合には，子どもの問題解決のストーリーを大事にする必要がある。その前提となるのが，子ども理解である。

新学習指導要領では，子どもの主体的な学びである問題解決的な学習を通して，各単元でめざす「資質・能力」の育成を求めているからである。

さらに，新学習指導要領では，問題解決的な学習を充実させ，深い学びを実現するために，社会的事象の見方・考え方を働かせた問題の追究・解決を重視している。この社会的事象の見方・考え方については，各内容の「思考力，判断力，表現力等」の資質・能力に関わる項目イの記述に明示されている。この記述が，教材や資料の選定・準備，子どもに期待する問いや教師の発問，学習問題などを吟味する際の重要な手掛かりとなる。

そのことを押さえ，新学習指導要領解説編の記述を分析し，本書を参考にして，単元の指導計画を作成する必要がある。

そして，作成した単元の指導計画に基づいて，副読本の紙面構成のラフ・スケッチを作成していく。具体的には，子ども理解を前提に，教師の願いをすり合わせながら，１時間の授業展開のイメージを思い描く。そして，以下の検討点を考慮し，大まかな紙面構成を見開き１ページにスケッチするのである。

○本時の問いを引き出すために，どんな資料を紙面のどこに配置するのか。
○その資料から，どんな問いを引き出すのか。
○その問いに対してどのような予想が想定されるのか。
○その予想を確かめる事実としてどのような資料を掲載するのか。

このラフ・スケッチの段階で子どもの問題意識がスムーズに流れていれば，その後の編集作業が滞ったり，振り出しに戻ったりする心配がなくなる。

この作業を乗り越えれば，その先は，各分担執筆者の自己責任において個々の資料の吟味や資料解説，本文などの文言修正といった，細部の精度を高める編集作業となるのである。

地図帳の積極的・効果的な活用

Q 新学習指導要領が全面実施されると地図帳が３年生から配付されるそうですが，それをどのように活用すればよいのでしょうか。

A これまで４年生で配付されていた地図帳が，３年生での配付へと改められた趣旨を踏まえ，地図帳の積極的・効果的な活用を心がけることが大切です。地図帳に慣れ親しみ，地図帳を自在に使いこなす力を育てていきましょう。

1 地図帳の配付が３年生へと改められた趣旨

新学習指導要領によるこれからの社会科において，これまで４年生で配付されていた地図帳が３年生で配付されることになった。

その趣旨は，地図帳が，社会的事象の見方・考え方の一つである「空間的な見方・考え方」を育てる必須のアイテムであり，教材だからである。

空間的な見方・考え方を育てる初めの一歩は，第３学年の内容⑴「身近な地域や市区町村の様子」の学習である。

ここでは，身近な地域や市という子どもたちの生活舞台が，学習の対象である。その様子について，県内における市の位置，地形や土地利用，交通の広がり，市役所など主な公共施設の場所と働き，古くから残る建造物の分布などに着目し，観察・調査したり，地図などの資料で調べたりして，絵地図や白地図などにまとめていく。それをもとにして特徴のある場所を相互に比較し，違いを見つけ出す。そして，なぜ場所による違いが見られるのかを交通などの社会的条件や土地の高低，川辺や海辺などの地形条件と関連付けて考え，身近な地域や市区町村の様子を大まかに理解するとともに，場所の様子をとらえる目（着眼点）を育てていくのである。

そうした学習にこそ，地図帳の出番がある。

例えば，身近な地域を観察・調査したことを絵地図，そして白地図に表す際，方位や地図記号の有用性に気付かせていく。また，市の位置を調べる際，県全体のどのあたりにあるのか，周りにはどんな市があるのか，その市との位置関係は・・・，などの問いを解き明かす。この時に，地図帳が手持ちの資料として出番を迎えるのである。

地図帳の出番は，第３学年の内容⑴だけではない。内容⑵では，販売における商品を通して他地域や外国との結び付きをとらえていく。ここでも地図帳がその威力を発揮する。

このように，地図帳は，第３学年の学習においても欠かすことのできないアイテムであり，資料である。だからこそ，この度の改訂で地図帳が３年生から配付されることになったのである。

2 “地図帳に慣れ親しむ”機会を積極的に設ける

話は飛ぶが，これまで地図帳はどの程度使われていたのだろうか。

実は，地図帳の活用状況は二極化しているというのが，私の経験的な印象である。

二極化とは，教師からの指示がなくても子どもたちが自在に地図帳を使いこなし，ボロボロになるまで使い込まれている学級と，地図帳がかばんや机の中にしまい込まれ，教師の指示でそれを開いたときには折り目も書き込みもないピカピカ状態の学級とに分かれているという意味である。

この背景には，地図帳の活用をめぐる二つの実践課題が見え隠れしている。

その一つが，教師が地図帳を機会あるごとに活用しているか否かという，“地図帳の積極的な活用”をめぐる課題である。この課題を解決していくには，まず教師が地図帳の活用場面を事前に知る必要がある。

以下，新学習指導要領解説社会編の中から，地図帳の活用場面を洗い出し，整理したものを示す。

これを手掛かりに，地図帳の積極的な活用に努め，子どもたちが“地図帳に慣れ親しむ”指導に力を入れていくことが大切である。

◆ 第3学年 ◆

(1)身近な地域や市区町村の様子	○「地図帳を参照し，方位や主な地図記号について扱うこと」（内容の取扱い）：自分たちの市の位置を確かめたり調べたことを白地図にまとめたりする際に必要となる方位や主な地図記号について，地図帳を参照して理解し活用できるようにする。
(2)生産や販売の仕事	○「『他地域や外国との関わり』を扱う際には，地図帳などを使用して都道府県や国の名称と位置などを調べる」（内容の取扱い）：販売における商品の仕入れ先を調べる際，地図帳などを使って，都道府県や外国の名称と位置を確かめる活動を行い，（中略）販売の仕事は国内の他地域や外国と結び付いていることに気付くように指導する。

◆ 第4学年 ◆

(1)都道府県の様子	○「地図帳（中略）で調べ，白地図などにまとめる」（本文）：地図帳や立体模型，航空写真などの資料で調べ，県の白地図などにまとめることや，47都道府県の名称と位置について，地図帳などで確かめ，日本の白地図に書き表す。ここでは，地図帳などを用いて，位置や地形，広がりや分布などの情報

	を読み取る技能，名称と位置を確かめながら，調べたことを白地図などにまとめる技能などを身に付ける。
(5)県内の特色ある地域の様子	○「地図帳（中略）で調べ，白地図などにまとめる」（本文）：地図帳などを使い，特色ある地域の位置や自然環境を調べる。ここでは，地図帳などを用いて，必要な情報を読み取る技能を身に付ける。

◆ **第５学年** ◆

(1)我が国の国土の様子	○「地図帳や地球儀（中略）で調べ，まとめる」（本文）：地図帳や地球儀，衛星写真などの資料で国土の位置や構成，領土の範囲などを調べ，まとめる。ここでは，地図帳や地球儀などを用いて，方位や位置関係，範囲などを読み取る技能を身に付ける。 ○「地図帳や地球儀を用いて，方位，緯度と経度などによる位置の表し方について取り扱う」（内容の取扱い） ○「主な国」（内容の取扱い）：地図帳や地球儀などを用いて，取り上げた国の正式な名称と位置を確認する。
(2)我が国の農業や水産業における食料生産	○「地図帳や地球儀（中略）で調べ，まとめる」（本文）：地図帳や地球儀を用いて，国内の主な生産地や輸入相手国の位置，主な漁港や漁場の位置などを調べ，白地図などにまとめる。ここでは，地図帳や地球儀を用いて，位置や経路，広がりや分布などを読み取る技能を身に付ける。
(3)我が国の工業生産	○「地図帳や地球儀（中略）で調べ，まとめる」（本文）：地図帳や地球儀を用いて，工業の盛んな地域の広がりや貿易相手国の位置を調べ，白地図にまとめる。ここでは，地図帳や地球儀を用いて，位置や経路，分布や地域間のつながりなどを読み取る技能を身に付ける。
(5)我が国の国土の自然環境と国民生活との関連	○「地図帳（中略）で調べ，まとめる」（本文）：地図帳や衛星写真などの資料で自然災害や公害の発生位置，森林の広がりなどを調べ，白地図や図表にまとめる。ここでは，地図帳から適切に情報を読み取る技能を身に付ける。

◆ 第6学年 ◆

⑵我が国の歴史上の主な事象	○「地図（中略）などの資料で調べ，まとめる」（本文） ・遣隋使の航路や正倉院の宝物が渡来した経路を世界地図で調べる。 ・源平の戦いが行われた場所や鎌倉幕府が開かれた場所，元との戦いの様子を日本地図や世界地図で調べる。 ・キリスト教の伝来の様子を世界地図で調べる。 ・大名の配置，参勤交代の経路，出島などを通して交易があった国の名称と位置を日本地図や世界地図で調べる。 ・黒船の来航の様子を世界地図で調べる。 ・当時（明治中・後期から大正期まで）の国際関係などを世界地図で調べる。 ・戦争の広がりを世界地図で調べる。 ※地図帳とは示されていないが，地図帳に掲載された日本地図や世界地図を使用する場合を想定している。
⑶グローバル化する世界と日本の役割	○「地図帳や地球儀（中略）で調べ，まとめる」（本文）：地図帳や地球儀を用いて，取り上げる国や地域の名称と位置などを調べ，まとめる。ここでは，地図帳や地球儀を用いて，国や地域の位置，日本との位置関係などを適切に読み取る技能を身に付ける。

これらの他にも，地図帳を使って位置や位置関係，土地の様子や土地利用，産物，経路，史跡や歴史上の出来事の場所などを確認したり，調べたりする機会がある。その一例は，次の通りである。

○飲料水が自分たちの地域に届けられるまでの経路，ダムや浄水場などの施設の位置を地図帳で確認する。（第４学年内容⑵）

○国土の自然条件から見て特色ある地域の人々の生活の様子を調べる際，地図帳に掲載されている鳥観図，主題図などを用いて，地域全体の土地の様子や土地利用の様子を俯瞰したり，主な産物を調べたりする。（第５学年内容⑴）

○歴史学習で，主な遺跡や文化財の位置，歴史上の主な出来事が起きた場所などを地図帳で確認する。（第６学年内容⑵）

これらを参考にして，機会あるごとに地図帳の積極的な活用に努め，子どもたちが“地図帳に慣れ親しむ”ように導くことが大切である。

3 “地図帳を自在に使いこなす”ための知識・技能を育てる

地図帳の活用をめぐる二つ目の課題は，“地図帳を自在に使いこなす”上で必要となる知識・技能の育成が必ずしも十分であるとはいえない状況にあるということである。

子どもが地図帳を自在に使いこなせるようにするためには，機会あるごとに，次のような指導に力を入れていく必要がある。

○地図帳を配付したときや各学年の年度初めに，地図帳の構成や使い方を指導する。例えば，地図帳には，地図の約束ごと，地図帳の使い方，日本の都道府県別・世界の国別の地図，日本とその周りの地図，日本や世界の各地の詳しい地図，いろいろな資料などが掲載されていることなどについて，発達の段階や子どもの実態を考慮し，必要な部分を選択して指導する。

○地図帳に掲載されている「索引の見方」について，実際に地名の位置を探す活動を通して具体的に指導する。例えば，自分たちの住む都道府県や市区町村の位置を，索引を使って調べ，確かめるなどの指導が考えられる。

○方位，距離と縮尺，土地の高さ，地図記号など，地図を読むときの約束ごとを，必要に応じて指導する。

○地図からその場所のイメージをふくらませる力を養う。例えば，鳥瞰図やイラストマップを使って，案内したい場所やルートを決め，そこへ行くまでの方位，ルートを調べて案内文を書くなどの指導が考えられる。

○地図から必要な情報を読み取る技能を指導する。例えば，地図の主題，凡例，縮尺などを確認した後，県の境界，地形や土地利用の様子，主な鉄道や道路，産物などを読み取る指導が考えられる。

○土地の高低を読み取る技能について具体的に指導する。例えば，地図の断彩（グラデーション）から，山地や川（上流・下流），土地の高低などを読み取る指導が考えられる。

○縮尺で距離を調べる技能を指導する。例えば，縮尺と定規を用いて，自分のまちから水源地（ダム）や浄水場までどのくらいの距離があるのか計算して調べるなどの指導が考えられる。

これらを参考にしながら，子どもたちの実態を踏まえ，必要に応じて意図的・計画的に指導していくことが大切である。

体験的な活動と言語活動の充実

Q これからの社会科では，体験的な活動や言語活動をどのように進めていけばよいのでしょうか？

A 社会科の新学習指導要領においては，具体的な体験を伴う学習やそれに基づく表現活動，論理的に説明したり，立場や根拠を明確にして議論したりするなどの言語活動をこれまで以上に大事にしています。それを踏まえ，これからの授業づくりにおいては，これまで以上に体験活動や言語活動の充実に努めていきましょう。

1 体験活動と言語活動を両輪として

新学習指導要領では内容の取扱いについての配慮事項において，次に示す通り，“具体的な体験を伴う学習と言語活動を含む表現活動を両輪とした学び”の充実を求めている。

> 各学校においては，地域の実態を生かし，（中略）観察や見学，聞き取りなどの調査活動を含む具体的な体験を伴う学習やそれに基づく表現活動の充実を図ること。

ところで，なぜ，社会科が体験を重視するのか。

それは，社会科が社会との直接・間接的なかかわりの中で，人々の思いや願い，知恵と汗（工夫と努力），人と人との様々なかかわりを具体的，実感的にとらえ，「社会とは，いかなるものか」と問う。そして，社会を形成する人々の働きやその役割に目を向け，社会生活の意味やその本質を考えていく教科だからである。

かつては低学年にも社会科が置かれていた。ここでは，学校，家庭，近所など身近な社会を学びの場として，それを体験的に学ぶ学習が展開されていた。

子どもたちは，身近な社会を支えている様々な人々，例えば，給食をつくってくれる人，郵便物を届けてくれる人，近所の田や畑で働く人などの仕事ぶり，真剣な眼差しや身のこなし，独自の服装や道具などを繰り返し何度も観察したり，絵や言葉で表現したりしながら，諸感覚を働かせ，自分の体と頭を使って学んでいく。この直接人とかかわる体験を通して，人々の思いや願い，知恵と汗，自分との関わりなどに気付き，社会は人々の働きや相互関係の上に成り立っていることを体と頭で感じ，考える体験的な学びが豊かに行われていた。

今は，低学年に社会科が置かれてはいないが，かつてそこで大事にされていた

“人に目を向け，自分の体と頭で学ぶ体験”は，社会科の学びの原点であり，その後の社会科学習の土台となるのである。

一方，体験には弱点がある。体験は一過性であり，その瞬間の気付きや，感じ考えたことは，時が経つと記憶の底に沈んでしまう。つまり，そのまま放置しておくと長期記憶には留めにくいのである。

そこで，体験を通した学びを長期記憶に留めておく手段として言語活動が必要となる。すなわち，体験における学びを，言葉で振り返る体験の言語化により経験へと昇華させていくのである。

この体験活動と言語活動を両輪とした学び，例えば，観察や見学，聞き取りなどにおける気付きや発見，わかったことや考えたことを言葉などで表現する活動を指導計画に効果的に位置付けるなど，その一層の充実を図ることが大切である。

2 地域のよさを積極的に生かす

観察や見学，聞き取りなどの体験活動を効果的に行うには，地域のよさを積極的に生かすことが大切である。

そのためには，まず教師自身が地域に飛び出し，地域の「もの，人，施設」などの素材を発掘する。次に，学習のねらいや内容，子どもたちの実態などを踏まえ，どのような見学や調査が可能なのか，それはどの時期か，どんな学習の効果が期待できるのかなどについて，授業展開をイメージしながら，十分に検討を加える必要がある。

なお，新学習指導要領では，次に挙げる観察や見学，聞き取りなどの体験活動を行うことを求めている。

◆ 第３学年 ◆

(1)身近な地域や市区町村の様子	○身近な地域（市の様子）の観察・調査
(2)生産や販売の仕事	○農家や工場，商店などの見学・調査
(3)地域の安全を守る働き	○消防署や警察署などの関係機関 ○関連する施設・設備の見学・調査
(4)市の様子の移り変わり	○博物館や資料館などの関係者や地域の人などへの聞き取り調査

◆ 第４学年 ◆

(2)人々の健康や生活環境を支える事業	○関連する施設や事業所（浄水場，ごみ処理場など）の見学・調査
(3)自然災害から人々を守る活動	○県庁や市役所，地域の防災組織などの関係者からの聞き取り調査
(4)県内の伝統や文化，先人の働き	○博物館や資料館などの見学（情報収集）

◆ 第５学年 ◆　※学習指導要領に例示なし。

◆ **第６学年** ◆

⑴我が国の政治の働き	○公共施設などの見学やそこで働く人への聞き取り調査
⑵我が国の歴史上の主な事象	○遺跡や文化財について，地域の博物館や資料館等を活用したり，学芸員から話を聞いたりする ・貝塚や集落跡，古墳の観察・見学 ・戦時下，戦後の復興のころの国民生活の様子を知る人への聞き取り調査

なお，ここに挙げたものはあくまで例示である。地域の実態や指導時数を考慮し，必要かつ指導の成果が十分に期待できるものを選んだり，これ以外の体験を加えたりしながら各学校の年間指導計画に位置付け，各学校の創意工夫の下に行うことが大切である。

3 論理的な説明，立場や根拠を明確にした議論の重視

新学習指導要領では内容の取扱いについての配慮事項において，次に示すとおり，考えたことや選択・判断したことを説明したり，それらをもとに議論したりするなどの言語活動を一層重視することを求めている。

社会的事象の特色や意味，社会に見られる課題などについて，多角的に考えたことや選択・判断したことを論理的に説明したり，立場や根拠を明確にして議論したりするなど言語活動に関わる学習を一層重視すること。

社会科においては，これまでも社会的事象について調べて得た事実（情報）をもとに，その特色や相互関連，意味などを考える学習において言語活動を大切にしてきた。

具体的には，まず，文章で自分の考えを書き表しながら整理する。次に，自分の考えを言葉で協働学習者に伝える。この言語を媒介とした考えの交流や思考の吟味は，社会科が発足以来大事にしてきた学習活動である。

この度の改訂では，こうした社会科本来の学び方である言語活動において，学年の発達段階に応じて，例えば，情報の送り手と受け手など立場を明確にした話し合いなどを意図的に行い，複数の立場から多角的に考えることができるようにすることを求めている。

さらに，主権者として求められる資質・能力を育てる観点から，この度の改訂で新たに盛り込まれた「社会に見られる課題を把握して，その解決に向けて社会への関わり方を選択・判断する力」を育てる学習においては，考えたり選択・判断したりしたことについて，根拠や理由を明確にして論理的に説明したり，他者の主張を踏まえて議論したりするなど，言語活動の一層の充実を図ることを求めている。

なお，論理的な説明や議論といった言語活動は，小学生にとってはかなりレベルが高い。そのことを踏まえ，どの学年のどの単元において，どの程度の言語活動を期待するのかなど，小学校社会科４年間を見通した長期的な計画のもとに指導を進めることが大切である。

その見通しを立てる際，新学習指導要領解説社会編の例示が参考になる。

以下，主なものを要約・整理して示す。

◆ 第３学年 ◆

⑶地域の安全を守る働き	○地域や自分自身の安全を守るために自分たちにできることなどを考えたり選択・判断したりする。（内容の取扱い） 〈例〉火事を引き起こさない生活の仕方や事故を起こしたり事件に巻き込まれたりしない行動の仕方について，議論したり，標語やポスターなどを作成したりする。

⑷市の様子の移り変わり	○「人口」を取り上げる際には，少子高齢化，国際化などに触れ，これからの市の発展について考える。(内容の取扱い) 〈例〉市が将来どのようになってほしいか，そのためには市民としてどのように行動していけばよいかなど，これからの市の発展に関心をもち，将来について考えたり討論したりする。

◆ **第４学年** ◆

⑵人々の健康や生活環境を支える事業	○節水や節電など自分たちにできることを考えたり選択・判断したりする。(内容の取扱い) 〈例〉水，電気，ガスを大切な資源としてとらえ，節水や節電，省エネなどに向けて，自分たちが協力できることを考えたり選択・判断したりする。 ○ごみの減量や水を汚さない工夫など，自分たちにできることを考えたり選択・判断したりする。(内容の取扱い) 〈例〉ごみを減らしたり水を汚したりしないために，自分たちができることを考えたり選択・判断したりする。
⑶自然災害から人々を守る活動	○地域で起こり得る災害を想定し，日頃から必要な備えをするなど，自分たちにできることなどを考えたり選択・判断したりする。(内容の取扱い) 〈例〉災害が起きたときに自分自身の安全を守るための行動の仕方を考えたり，自分たちにできる自然災害への備えを選択・判断したりする。
⑷県内の伝統や文化	○地域の伝統や文化の保存や継承に関わって，自分たちにできることなどを考えたり選択・判断したりする。(内容の取扱い) ※例示なし。

◆ **第５学年** ◆

⑵我が国の農業や水産業における食料生産	○消費者や生産者の立場などから多角的に考えて，これからの農業などの発展について，自分の考えをまとめる。(内容の取扱い) 〈例〉生産性や品質を高める工夫を消費者や生産者の立場に立って多角的に考え，これからの農業や水産業における食料生産の発展に向けて自分の考えをまとめる。

⑶我が国の工業生産	○消費者や生産者の立場などから多角的に考えて，これからの工業の発展について，自分の考えをまとめる。（内容の取扱い） 〈例〉消費者や生産者の立場，人々の安全，環境，価格，利便性，バリアフリーなどに対する願いが工業生産により実現されることや，優れた技術やその向上が我が国の工業をより発展させること，工業生産を通じた我が国と外国との関わり方など，我が国の工業の発展について自分の考えをまとめる。
⑷我が国の産業と情報との関わり	○産業と国民の立場から多角的に考えて，情報化の進展に伴う産業の発展や国民生活の向上について，自分の考えをまとめる。（内容の取扱い） 〈例〉大量の情報を活用して産業をより一層発展させることや，国民の利便性が向上する一方で，適切な情報を見極めることなど情報活用の在り方を多角的に考えて，情報化社会のよさや課題について自分の考えをまとめる。
⑸我が国の国土の自然環境と国民生活との関連	○国土の環境保全について，自分たちにできることなどを考えたり選択・判断したりする。（内容の取扱い） 〈例〉自分たちには何ができるかなどと，自分たちに協力できることを考えたり選択・判断したりする。

◆ 第６学年 ◆

⑴我が国の政治の働き	○国民としての政治への関わり方について多角的に考えて，自分の考えをまとめる。（内容の取扱い） 〈例〉選挙は国民の代表者を選出する大切な仕組みであること，行政に必要な予算を国民が納める税金が支えていること，国民が裁判に参加する仕組みとして裁判員制度があることなどを踏まえて，様々な立場から多角的に考え，義務や責任などと関連付けて自分の考えをまとめる。
⑶グローバル化する世界と日本の役割	○世界の人々と共に生きていくために大切なことや，今後，我が国が国際社会において果たすべき役割などを多角的に考えたり選択・判断したりする。（内容の取扱い） 〈例〉グローバル化する国際社会において，今後，我が国が果たすべき役割，義務や責任について，過去の戦争や原爆

	による人類最初の災禍を経験した我が国の立場，国際的な協力や援助を必要としている国や地域の人々などの立場，国際連合など国際的な機関の立場などから多角的に考えたり，世界の人々と共に生きていくために大切なことについて，自分たちにできることを考えたり選択・判断したりして，世界の平和に向けた自分の考えをまとめる。

小学校社会科の特質を踏まえた“中学校への接続・発展”

Q 新学習指導要領では，小学校から中学校への接続・発展を図るために，どのような改善が加えられているのでしょうか。

A この度の改訂では，その基本方針として，新しい時代に求められる資質・能力を育む「社会に開かれた教育課程」の実現を掲げています。これを受け，教育課程の横軸（各教科等の横の関係）と縦軸（小学校・中学校・高等学校の縦の関係）について，「何ができるようになるか」（育成を目指す資質・能力），「何を学ぶか」（教科等を学ぶ意義と，教科等間・学校段階間のつながりを踏まえた教育課程の編成），「どのように学ぶか」（指導計画の作成と実施，学習・指導の改善・充実）などの面から，その枠組みを改善することを掲げています。この改善の基本方針にのっとり，「資質・能力」「見方・考え方」「学習内容」の３点について，小学校から中学校への接続・発展が図られました。

1 小・中で「公民としての資質・能力」の基礎を育てる

新学習指導要領では，小学校・中学校から高等学校への縦の接続・発展を考慮し，社会科，地理歴史科，公民科での学びを通して育成する資質・能力を「公民としての資質・能力」としている。

公民としての資質・能力とは，選挙権を有する18歳に求められる「広い視野に立ち，グローバル化する国際社会を主体的に生きる平和で民主的な国家及び社会の有為な形成者に必要な資質・能力」であるとされている。

小・中学校社会科では，それぞれがその基礎を育成するという点では共通している。

一方，中学校社会科の教科の目標には，小学校社会科の目標に「広い視野に立ち」という文言が加えられている。このことが，小学校社会科から中学校社会科への接続・発展を端的に言い表している。

すなわち，中学校社会科は分野別に学習する構造になっており，社会的事象を多面的・多角的に考察すること，複数の立場や意見を踏まえて選択・判断することなどが求められており，小学校に比べてより広い視野からの追究や思考・判断が求められている。学習の対象も小学校以上に世界へと空間的な広がりをもっている。

2 内容の「三つの枠組み」と中学校とのつながり

新学習指導要領では，小・中学校社会科の内容を次の三つの枠組みに位置付け，小学校から中学校への接続・発展が分かりやすくなるように整理している。

①地理的環境と人々の生活
②歴史と人々の生活
③現代社会の仕組みや働きと人々の生活

小学校社会科では，社会的事象を総合的にとらえるという内容構成の原理が採られてきた。この総合社会科という小学校社会科の性格は，この度の改訂でも堅持されている。

しかし，指導している内容が，小・中学校全体から見て，どのような位置付けにあるのかが意識しづらいという指摘もあり，この度の改訂では上記のような三つの枠組みによる整理が行われたのである。

誤解を避ける意味で繰り返すが，小学校社会科が中学校のように分野別の内容構成へと改められたわけではない。小学校はこれまでと変わらず社会生活を総合的に理解する教科である。この小学校社会科の性格は，堅持されているのである。

「社会的な見方・考え方」

新学習指導要領では，小・中学校ともに「社会的な見方・考え方を働かせ，課題（小学校では学習の問題）を追究したり解決したりする活動を通して，公民としての資質・能力の基礎を育てる」ことを求めている。

つまり，公民としての資質・能力を育成するには，「課題（問題）を追究・解決する活動」を通す（必ず行う）こと，その際，「社会的な見方・考え方」を働かせることが教科の目標に明示されたのである。

「課題（問題）を追究・解決する活動」について，小学校ではこれまでも，中学校では次第にその必要性が意識され，授業実践として定着してきている。この現場での優れた実践の成果が教科の目標に反映されたものといえる。

一方，「社会的な見方・考え方」については，この度の改訂で打ち出された新しいキーワードである。その意味については第２章『新学習指導要領を読み解く“五つのキーワード”』（P19 ～ 42）で詳しく述べているので割愛する。

ここでは，この「社会的な見方・考え方」が小学校社会科から中学校へとどのように接続・発展するのかを確認しておきたい。それをわかりやすく示しているのが，新学習指導要領解説社会編に示された次の図である。

社会的な見方・考え方

現代社会の見方・考え方（公民的分野）

社会的事象を
政治，法，経済などに関わる多様な視点（概念や理論など）に着目して捉え，よりよい社会の構築に向けて，課題解決のための選択・判断に資する概念や理論などと関連付けて

社会的事象の地理的な見方・考え方（地理的分野）

社会的事象を
位置や空間的な広がりに着目して捉え，地域の環境条件や地域間の結び付きなどの地域という枠組みの中で，人間の営みと関連付けて

社会的事象の歴史的な見方・考え方（歴史的分野）

社会的事象を
時期，推移などに着目して捉え，類似や差異などを明確にしたり事象同士を因果関係などで関連付けたりして

社会的事象の見方・考え方（小学校）

社会的事象を
位置や空間的な広がり，時期や時間の経過，事象や人々の相互関係に着目して捉え，比較・分類したり総合したり，地域の人々や国民の生活と関連付けたりして

これを見れば一目瞭然だが，小学校社会科における「社会的事象の見方・考え方」は，中学校の各分野の特質に応じた見方・考え方，すなわち，「社会的事象の地理的な見方・考え方」（地理的分野），「社会的事象の歴史的な見方・考え方」（歴史的分野），「現代社会の見方・考え方」（公民的分野）へと接続・発展していくのである。

なお，小学校社会科では，それが歴史学習であったとしても，「時期や時間の経過」だけでなく「位置や空間的な広がり」「事象や人々の相互関係」などにも着目し，様々な着眼点から社会的事象を総合的にとらえていくことが大切である。実は，中学校の歴史的分野においても同じことがいえる。

例えば，天皇を中心とした政治が確立されたことを理解する際，聖武天皇による大仏の造営と関連付けて国分寺や国分尼寺が広く全国につくられたことを分布図などの資料で調べ，そこでとらえた事実を一つの根拠として，天皇の力が全国に及んだのではないかと予想する。ここでは，社会的事象を「位置や空間的な広がり」に着目して調べている。

また，こうした空間，時間，相互関係などの着眼点を駆使して社会的事象をとらえることは，これまでも大切にされてきたものであり，決して目新しいものではない。それが学習指導要領の文言として明示されたところが，この度の改訂の大きな特色となっているのである。

障がいのある児童などに対する"指導内容や指導方法の工夫"

Q 障がいのある児童などに対して，社会科では，どのような指導や支援が必要ですか。

A 個々の子どもの困難さに応じた指導内容や指導方法を工夫すること，その際，社会科の目標や内容の趣旨，学習活動のねらいを踏まえ，学習内容や学習活動の代替を安易に行うことがないように留意すること，子どもの学習負担や心理面にも配慮することなどが必要です。

1 どの教科でも配慮すること

この度の改訂では，障がいのある子どもなどの指導において，見えにくさ，聞こえにくさ，道具の操作の困難さ，移動上の制約，健康面や安全面での制約，発音のしにくさ，心理的な不安定，人間関係形成の困難さ，読み書きや計算等の困難さ，注意の集中を持続することが苦手であることなど，学習活動を行う場合に生じる困難さが，個々の子どもによって異なることに留意し，個々の子どもの困難さに応じた指導内容や指導方法を工夫することを各教科等に求めている。

障害者の権利に関する条約に掲げられたインクルーシブ教育システムの構築を目指し，子どもの自立と社会参加を一層推進していくには，通級による指導，特別支援学級，特別支援学校はもとより通常の学級においても，子どもの十分な学びを確保し，一人ひとりの障がいの状況や発達の段階に応じた指導や支援を一層充実させていく必要がある。

それは，通常の学級においても，発達障害を含む障がいのある子どもが在籍している可能性があるからである。

そのことを踏まえ，すべての教科等において，一人ひとりの教育的ニーズに応じたきめ細かな指導や支援が行われるよう，各教科等の学びの過程において考えられる個々の子どもの困難さに応じたきめ細かな配慮が求められるのである。

2 社会科において特に配慮すべきこと

社会科においては，新学習指導要領解説編「指導計画作成の配慮事項」に示された次の留意点や配慮事項の具体例などを参考にしながら，個別の指導計画を作成し，きめ細かな指導や支援を行っていく必要がある。

○社会科の目標や内容の趣旨，学習活動のねらいを踏まえ，学習内容の変更や学習活動の代替を安易に行うことがないように留意する。
○子どもの学習負担や心理面に配慮する。
○社会科における配慮の例として，次のようなものが考えられる。
・地図等の資料から必要な情報を見付け出したり，読み取ったりすることが困難な場合→読み取りやすくするために，地図等を拡大したり，見る範囲を限定したりして，掲載されている情報を精選し，視点を明確にする。
・社会的事象に興味・関心がもてない場合→その社会的事象の意味を理解しやすくするため，社会の営みと身近な生活がつながっていることを実感できるよう具体的な体験や作業を取り入れる，学習の順序を分かりやすく説明し，安心して学習できるよう配慮する。
・学習問題に気付くことが難しい場合→社会的事象を読み取りやすくするために，写真などの資料や発問を工夫する。
・予想を立てることが困難な場合→見通しがもてるようヒントになる事実をカード等に整理して示し，学習の順序を考えられるようにする。
・情報収集や考察，まとめの場面において，考える際の視点が定まらない場合→見本を示したワークシートを作成する。

これらの例示に加え，社会科の学習活動の特性などを踏まえて，例えば，次のような指導を行うことも効果的である。

○学習のテーマと関連した人，例えば，農家や工場で働く人，消防署で働く人などが仕事で着る服や使う道具，生産物などの実物を教室に持ち込み，学習活動に誘い込む。
○見学後の学習では，言葉だけでなく，写真や絵などを添えて板書するなど，目で見てわかるようにまとめていく。
○中心資料は拡大して黒板などに貼り，資料の着目点を教師が指し示すなど，資料から必要な情報を読み取れるように支援する。

なお，ここに挙げた指導は，障がいのある子どもだけでなく，社会科を苦手とする子どもに対しても効果的な指導である。学級の子どもの実態に応じてこうした教師の手厚い指導を行うことも大切である。

●著者紹介

安野　功（やすの　いさお）

國學院大學教授。

埼玉県の小学校教員を経て，2000（平成12）年から文部科学省初等中等教育局教科調査官（小学校社会科）。学習指導要領の改訂などに携わる。2009（平成21）年に退官。教科調査官時代も現場で授業実践をしながら指導を進めてきた。2017（平成29）年に発行された学習指導要領解説（小学校社会科編）の作成委員。2015（平成27）年度版から，文部科学省検定教科書『小学社会』の代表著作者。

平成29年告示新学習指導要領
元文部科学省小学校社会科教科調査官
安野 功がズバッと解説！　～学習指導要領解説をわかりやすく読み解きます！～

2018年（平成30年）5月31日　初版発行

著　者　安野　功

発行者　佐々木秀樹

発行所　日本文教出版株式会社
http://www.nichibun-g.co.jp/
〒558-0041　大阪市住吉区南住吉4-7-5　TEL：06-6692-1261

デザイン　株式会社ユニックス

印刷・製本　株式会社ユニックス

ISBN978-4-536-60104-7

CD 60104